小企业金融丛书

中国社会科学院中小银行研究基地文库

诚信的银行业

——金融危机中的胜利者

[美国] 海科·施皮策克 (Heiko Spitzeck)

麦克·皮尔逊 (Michael Pirson)

[巴西] 克劳斯·迪克斯迈尔 (Claus Dierksmeier) 等编著

游春　邱元　译

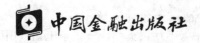

中国金融出版社

责任编辑：张哲强
责任校对：刘　明
责任印制：丁淮宾

北京版权合同登记图字 01 - 2012 - 7821

图书在版编目（CIP）数据

诚信的银行业 ——金融危机中的胜利者（Chengxin de Yinhangye——Jinrong Weijizhong de Shenglizhe）/ [美] 海科·施皮策克等编著；游春，邱元译.—北京：中国金融出版社，2015.6
ISBN 978 - 7 - 5049 - 7760 - 1

Ⅰ.①诚…　Ⅱ.①海…②游…③邱…　Ⅲ.①商业银行—风险管理—研究—世界　Ⅳ.①F831.2

中国版本图书馆 CIP 数据核字（2015）第 002207 号

出版
发行　**中国金融出版社**
社址　北京市丰台区益泽路 2 号
市场开发部　（010）63266347，63805472，63439533（传真）
网 上 书 店　http://www.chinafph.com
　　　　　　　（010）63286832，63365686（传真）
读者服务部　（010）66070833，62568380
邮编　100071
经销　新华书店
印刷　北京松源印刷有限公司
尺寸　148 毫米×210 毫米
印张　7.75
字数　212 千
版次　2015 年 6 月第 1 版
印次　2015 年 6 月第 1 次印刷
定价　35.00 元
ISBN 978 - 7 - 5049 - 7760 - 1/F.7320
如出现印装错误本社负责调换　联系电话（010）63263947

丛书总序

随着经济全球化的不断推进，以及科学技术的创新和发展，全球的企业组织形态出现了两种截然不同的趋势：一是并购浪潮迭起，行业巨头垄断市场份额；二是中小企业繁荣发展，成为社会经济体系不可或缺的组成部分。从中国的经济运行状况看，中小企业对民生、就业、创新和税收具有的重要意义毋庸赘言，但是发展过程中存在的金融服务资源分配不合理、融资难度大等共性问题一直明显存在。

从中国经济周期的波动情况看，往往在经济的回落阶段和紧缩阶段，中小企业成熟的紧缩压力常常因为融资渠道的单一等而受到更大的冲击，如何在充分借鉴国际经验的基础上，立足中国的金融市场环境，着手化解中小企业融资难问题，成为下一步金融改革的重要问题。

在新的经济金融环境下，中国的金融改革应当如何推进？从金融改革已经取得的成就和当前实体经济对金融业的现实需求看，小微企业金融服务相对滞后，利率市场化等推进相对谨慎，经济相对欠发达的农村以及中西部地区的金融服务供给不足。从金融服务于实体经济的总体要求出发，小微金融服务的改进与上述金融服务需求都程度不同地相关，并可能成为下一阶段金融改革的重点。小微金融的有效发展，可以服务"三农"、完善农村金融服务，缓解农村金融市场资金需求；培育和发展竞争性农村金融市场，开辟满足农民和农村小微企业资金需求的新渠道，进而促进经济欠发达地区的经济发展；有利于合理有效利用民间资本，引导和促进民间融资规范发展；以及支持小微企业发展，缓解小微企业融资难问题。

据统计，当前中国具有法人资格的中小企业 1 000 多万户，占全国企业总数的 99%，贡献了中国 60% 的 GDP、50% 的税收，创造了 75% 的新增城镇就业机会。我国中央银行发布的《2011 年金融机构贷款投向统计报告》显示，截至 2011 年 12 月末，小企业贷款（含票据贴现）余额为 10.76 万亿元，同比增长 25.8%，比上年末下降 3.9 个百分点。全国工商联调查显示，规模以下的小企业 90% 没有与金融机构发生任何借贷关系，小微企业 95% 没有与金融机构发生任何借贷关系。中小企业为社会创造的价值和与其获得的金融资源相比是明显不匹配。特别是在经济紧缩时期，金融机构容易将更为稀缺的信贷等金融资源向大型企业倾斜，客观上形成对小微企业的挤压，加大了小微企业的经营压力。

要逐步缓解这个问题，需要针对小微金融的不同金融需求，为不同的金融机构找到为小微企业服务的商业定位与可行的商业模式，一方面要积极发展村镇银行、小贷公司等小微金融机构，同时要推动大型的商业银行为小微企业提供服务，大型商业银行要通过建立差异化的考核机制和商业模式推进客户结构调整。

当前金融业严格的准入管制，使得面向小微企业的金融服务明显不足，即便是在民间融资十分活跃的 2011 年，主要面向小微企业的小贷公司在年底的贷款余额也仅仅达到 3 914.74 亿元，仍远远不能满足市场的需求。其实，不仅小贷公司，从整个金融机构的分布看，在小微企业较为集中的中小城镇，能够提供金融服务的金融机构十分有限，金融服务的供应不足，也使得面向小微企业的金融服务市场竞争不充分，从而使得小微企业贷款利率相对较高。从这个意义上说，面向小微企业服务的金融业的严格准入管制导致竞争不充分，直接提高了小微企业的融资成本。而且严格的准入管制，带来了显著的牌照溢价，也使得金融机构往往习惯于依赖牌照管制带来的溢价等来经营，内在的改进经营管理的动力不足。

因此应当适当放松管制指标，以促进小贷公司等小微金融机构为小微企业提供金融服务，并通过引进新的小贷公司，促进竞争，降低小微企业贷款成本。

小微金融机构可持续发展的内涵是小微金融机构提供的金融服

务所获得的收入可以覆盖其营业成本和资金成本，以实现其独立生存并不断发展壮大，小微金融机构的财务可持续性是其主要内容之一。

从总体上看，利率市场化有利于促进小微金融机构本身的财务可持续发展。从发展历史看，中国的一些早期小额信贷经营状况欠佳的原因之一是政策导向上一度错误地认为低利率才是"扶贫"，这一方面使得商业化的金融机构不愿意从事小额信贷业务，或者从事小额信贷业务的机构只能依靠扶持性质的特定外部资金，从而无法实现小贷公司的财务独立；另一方面低利率可能导致的寻租现象往往使得真正需要资金的小微企业无法获得信贷机会和资金扶持。可见，要促进小微金融机构的健康可持续发展，就必须使其能够通过正常经营获取必要的利润，十分重要的一点就是逐步对小微企业金融服务放开利率的管制。

在利率市场化的过程中，小微金融机构应聚焦小微企业的客户定位，提供那些最能体现小微企业需求的金融服务，并发挥小微金融机构区域特征明显、信息成本较低以及业务审批速度快、交易成本较低的优势，集中精力发展有潜质的小微企业客户，加强小微企业金融服务的风险管理创新，调整业务结构和业务竞争能力，走与大银行等大型金融机构有差异化的发展道路。这样在客观上也有利于推动整个金融结构的调整。

从实践经验来看，不同国家和地区解决中小企业融资问题的方法各有千秋，成效也不尽相同。在南亚，格莱珉银行有力地推动了小额信贷发展，虽然格莱珉银行主要的贷款对象是贫困妇女，贷款的主要目的和意义在于扶贫，但其在运用担保方式降低贷款信用风险方面的做法还是值得金融机构借鉴的，其为解决世界贫困问题所作出的贡献值得深入分析；中国台湾地区在中小企业金融服务方面也有不少成熟的经验，金融机构等不仅提供资金、减免税收，还全方位地为中小企业提供信息和技术，培育中小企业成长的沃土。

在欧洲，虽然各国情况略有差异，但中小企业最重要的融资渠道还是银行信贷，银行也十分注重与中小企业的信贷业务关系，银行业有针对中小企业的信用评级系统，也建立了较为完善的中小企业信用记录档案；美国则发展了成熟的中小银行和社区银行网络来对中小企业和个人提供金融服务，其提供的金融产品不仅限于信贷方面，还包括各种金融工具和衍生品，可以说是多层次、多样化的金融服务。

从当前的情况看，要解决中小企业信息不对称问题，满足中小企业融资需求，就要从多个方面着手，重点是建立适应中小企业特征、迎合中小企业需要的银行服务体系。只有为中小企业度身打造一套科学完整的风险定价、贷款审批、贷后管理系统，培养专门的人才队伍，才能为其提供对口的金融服务，逐步化解中小企业的融资难问题。

在这方面，一些中国本土金融机构已经作出了不少有益的实践并取得了一些经验，事实证明，地方性金融机构所具有的地缘优势和人力资源优势特别适合发展中小企业信贷这种"劳动力密集型"业务。此外，在信贷的基础上还能够进一步展开相关的金融服务，为中小企业提供更加充足的金融资源。还有一些将中国实际市场状况与成熟的商业模式、信贷模式相结合而搭建的微小贷款平台，为推动我国微金融和普惠金融发展作出了积极的探索，同时也为解决中小企业融资问题开辟了新的路径。

现在一些大型的金融机构也开始注重开辟中小企业金融服务市场。大型金融机构在这方面拥有强大的技术优势和营销优势，即使是零售业务也能够进行批量化推广。一方面通过标准化产品为客户提供简单快速的服务，另一方面也可以为目标客户群量身定做融资方案，进行全方位服务。除了银行贷款以外，还要完善其他各种融资渠道。例如鼓励发展机构和个人创办的天使投资基金，为初创期的企业提供成长的资金支持；放宽民间资本进入金融业，引导民间融资规范化运作。

健全的金融系统对一个经济体所起的作用应该类似于灌溉系统，将源源不断的资源充分有效地分配于社会各个阶层，满足不同主体的需要。目前我国已有不少对于国内中小企业金融服务的研究及对国外经验的借鉴分析，即将陆续出版的这套小企业金融丛书可以进一步围绕小企业金融，提供有特色的专业研究成果。

小企业金融丛书涉及小企业金融服务的方方面面，既包括研究社区银行、小贷公司等专门为小企业提供金融服务的机构方面的书籍，又包括小企业信用风险评估、融资担保方式等技术层面的实用手册和研究报告；既有国外文献的译著，又有针对国内问题的著述，详细系统地介绍了小企业金融的各个方面。希望这套丛书能够为我国小企业和金融业的发展开辟新的视野，带来新的启迪。

是为序。

巴曙松
研究员、
中国银行业协会首席经济学家、
香港交易及结算所首席中国经济学家、
中国宏观经济学会副秘书长

译者序

本书原稿成书于 2012 年，全球刚刚从金融危机的打击之中缓过劲来，按照周期循环规律，金融业还来不及认真反省就已经迫不及待地投入到新一轮的复苏繁荣中去。然而本书的作者们却在危机中看到了不一样的闪光点，一些既有专业技术又坚持崇高德行的银行在危机中不仅屹立不倒，而且还有令人惊叹的表现。本书选取了来自不同国家的 15 家银行机构，通过生动的介绍和深入的剖析，为读者展现了不同于人们以往认知的银行，这些银行在盈利的同时还能自觉担当起社会责任，证明人性化的经营管理理念与金融企业的生存发展可以并行不悖，甚至能够相得益彰，这也为今后金融企业的发展开辟了新的思路。

本书中文版翻译工作始于 2013 年年初，至今短短的两年时间内，我国开启了利率市场化的实质性进程，银行业明显感受到了存贷利差收窄带来的经营压力。另外，近几年我国实体经济环境并没有很大改善，中小企业生存发展仍步履艰难，不少人认为经济还会继续下行，进一步加重了银行业的生存压力。

如今我国的银行业面临着改革和经济环境带来的多重压力，在重压之下谋求生存，有的也许很难顾及所谓的诚信、德行或者是人性化管理这种难以立即带来经营成果的发展方式。然而书中所列事实已经证明，讲究诚信和德行、践行人性化管理确实是金融企业发展的良策，如何转变金融企业发展的固有模式、重新树立可靠的社会形象、实现和社会的双赢，这些都是未来值得思索的问题。

目前确实能看到许多商业银行已经开始注重通过多种渠道树立自身形象，不过其中有多少是出于自觉、能真正践行自己的承诺并在此基础上发展壮大，还有待时间来检验。

　　本书译稿完成后经数轮校对审稿以保证译文的准确流畅，如书中尚有错误、遗漏和翻译不当之处，还请读者不吝指正。

游春　邱元

2015 年 5 月 26 日

作者简介

克劳斯·迪克斯迈尔（Claus Dierksmeier）波士顿东部石山学院可持续管理与计量研究院（SUMMIT）全球化伦理道德特聘教授和联席主任。他在德国的汉堡和明斯特学习哲学、法学以及神学。于德国汉堡获得博士学位，并于耶拿获得教授职称，去波士顿的八年前，克劳斯又在西班牙和拉丁美洲（乌拉圭、阿根廷）深入研究社会哲学。克劳斯撰写的数本书和许多文章都是关于法学、经济学思想的历史与伦理道德的。他主要的专业领域是政治经济哲学、全球化伦理道德、自由与自由主义理论、法律与宗教哲学以及企业社会责任。克劳斯是波士顿顾问团战略研究院（Strategy Institute of the Boston Consulting Group）企业社会责任方面的学术顾问。他是众多学术社团的成员，任职于后代权利基金会顾问团以及《代际正义杂志》审查委员会。

麦克·皮尔逊（Michael Pirson）纽约福特汉姆研究院商学院助理教授，也是哈佛大学的研究员和讲师。在获得博士学位之前，麦克尔做了几年国际管理顾问工作。在参与希拉里·克林顿竞选参议员的工作中获得了政坛经验。麦克尔目前供职于三家社会企业董事会。

海科·施皮策克（Heiko Spitzeck）巴西卡布拉尔皇家基金会（Fundacao Dom Cabral）教授。他主要的志趣在于企业社会责任与可持续发展的组织学习。他的教学课程包括商业道德、社会企业家精神，他还向理学硕士、MBA、行政 MBA 和高层管理人员教授负责的、可持续发展的商业理论。他的教学资源来自于八年多的顾问工作经验和学术研究。他的著作发表于诸多国际性期刊之上，还出版过数本书籍。2010 年，他在巴西圣保罗的 INSPER 商学院发表演讲。

2008～2010年，他在贝德福德郡克兰菲尔德大学的企业责任中心担任讲师。2004～2006年，他在一家学生主导的、倡导管理学与经济学可持续发展的非政府组织奥克斯国际（Oikos International）担任理事。由于其广泛的阅历，海科被邀请在奥地利、孟加拉国、巴西、德国、墨西哥、西班牙、瑞士、英国和美国进行客座演讲。他还是加州大学伯克利分校、纽约福特汉姆大学和西班牙埃斯特雷马杜拉大学的访问学者。海科曾在德国、西班牙和瑞士求学，在瑞士圣加伦大学获得博士学位。

菲利普·亚伯拉罕（Philip Abraham）高级管理专家，在教育、生活消费品与乳品、战略领域、销售网路、品牌、公共关系、广告以及基于丰硕学术成就的培训等诸多领域都拥有广泛的阅历。菲利普是一名工程师，也是印度古尔冈管理发展研究院（MDI）管理学优秀研究生，目前在印度阿里格尔穆斯林大学（AMU）攻读博士学位。

克里斯汀·阿里纳（Christine Arena）著名作家、银团博客作者和企业战略家。她的书《目标远大的企业》（*The High - Purpose Company*，2007）、《成功之道》（*Cause for Success*，2004）及其发表在商业新闻网站上的博客"Case in Point"强调了发挥积极作用的战略和企业。她的网站网址为christinearena. com。

亚历山德拉·达尔·科勒（Alessandra Dal Colle）剑桥大学经济哲学硕士，在数家金融机构研究部门担任金融经济学家超过15年。她目前在Banca Prossima负责巴塞尔协议Ⅱ的社会评级项目。她还是意大利米兰博科尼大学金融市场与机构课程讲师。她是意大利公平交易运动的志愿者。

阿努杰·甘加哈（Anuj Gangahar）记者与编辑。在伦敦帝国理工学院毕业后，1999年开始在伦敦欧洲货币投资机构从事新闻工作，担任《全球投资者杂志》的副编辑。他后来成为一份道琼斯公司出版物《金融新闻》的对冲基金编辑，2004年又成为该报纸的美国驻地记者。在三年《金融时报》资深股市驻地记者的工作之后，他成为一名自由职业者，目前为众多的出版物撰稿，其中包括《华尔街日报》和《机构投资人》，还在企业和对冲基金担任顾问。他和妻子埃德温那（Edwina）生活在纽约。

弗兰克·扬·德·格拉夫（Frank Jan de Graaf）格罗宁根应用科学大学国际商学教授，他在该校负责国际商学院的研究项目。他也是阿姆斯特丹商学院行政教育项目的讲师。他还为各类投资机构提供管理方面的顾问服务。他的研究领域在于国际商业中的管理问题，对金融机构、企业社会责任与内控间关系有特别的兴趣。他是可持续金融市场网络（NSFM）的联合创办人。弗兰克·扬的职业生涯始于财经记者。他供职于毕马威、阿姆斯特丹大学和 PGGM 投资公司。最近他在《商业道德期刊》《会计问题展评》《养老金管理国际期刊》《投资杂志》《EFMD 全球关注》以及《商业与科学》等杂志上发表过文章。

詹妮弗·J. 格里芬（Jennifer J. Griffin）乔治·华盛顿大学商学院战略管理与公共政策教授、乔治·华盛顿大学企业社会责任研究院（ICR）全球战略计划负责人。詹妮弗是艾斯本研究院先锋教职人员奖获得者。她参与写作的文章在 2009 年获得了商业与科学国际协会（IABS）颁发的《商业与科学》二十年最佳论文奖。2008 年，詹妮弗获得了乔治·华盛顿大学商学院最高教学奖项：杰出教学奖。2006～2008 年，詹妮弗担任商业与科学国际协会的行政主管。平均每年詹妮弗都要与来自英国、澳大利亚、印度、智利和美国的管理者交流如何进行负责任的管理以及如何管理好企业的影响力。目前她是 2012 年管理学会的管理学社会问题部门项目主席。

赛奥佐罗斯·A. 卡特林纳克斯（Theodoros A. Katerinakis）曾在雅典大学（希腊，雅典）经济和商业学院学习信息科学，他成为该大学的研究员。他修习了科学研究"德谟克利特"希腊国家中心与希腊克里特科技大学的科学课程。他供职于部长委员会、欧盟"科技与地区创新发展"计划、希腊空军总参谋部、《科学美国人》（希腊版）编委会。他编辑出版了四本教科书，撰写了三本书籍。他参与希腊计算机科学、希腊社会术语、希腊管理协会、内部审计学会、行星社团、国际交流协会以及欧洲商业道德协会。他被美国海军、

《马奎斯名人录》和《巴伦名人录》收录。他作为银行审计员、招聘主管、组织顾问以及希腊克里特干尼亚合作银行电子文件管理系统主管已有十个年头。他研究的重点是网络理论、会话分析、银行业、伦理道德以及信息理论。他获得交流科学的理学硕士，目前是在读博士，也是文化交流部门、美国费城德雷克塞尔大学希腊研究项目的兼职教授。在德雷克塞尔大学雷柏商学院，唯独他一人教授希腊"地中海经济"研究课程，希腊的CEO们在课堂上进行演讲展示。

马可·摩尔甘地（Marco Morganti）拥有文艺复兴时期语言学学位，工作十多年，经历丰富，主要从事出版业。2000年，他受聘于意大利邮政集团（意大利国家邮政服务），开发和领导社会文化领域项目，直接向集团的CEO汇报工作。从2003年开始由他负责意大利联合银行（Banca Intesa）和联合圣保罗银行（Intesa Sanpaolo）的"银行与社会"实验室。2007年11月担任Banca Prossima的CEO。他是银行家反高利贷基金会、ISTUD基金科学委员会以及SRM指导委员会董事会成员。

帕特里夏·帕拉西奥斯·伊瓦拉（Patricia Palacios Ibarra）哈佛进修学校可持续发展、劳动者就业以及利益相关人信任领域助理研究员。拥有瑞士银行数个头衔，工作领域在于欧洲、拉丁美洲、中东和非洲的外部资产管理。拥有瑞士圣加伦大学商业管理学士学位和哈佛进修学校国际管理硕士学位。

詹姆士·E.波斯特（James E. Post）波士顿大学小约翰·F.史密斯管理学教授，教授企业管理、职业道德和机构战略管理。他是《私人管理与公共政策：公共责任的原则》（1975）以及《再定义企业：利益相关人管理与机构福利》（2002）这两本书的联合作者，发表过许多商业和公共事务管理方面的文章。

伊娃·施瓦尼斯（Eva Schneeweiss）曾在德国康斯坦茨大学学习德国文学、经济学和媒体管理。毕业后从事编辑和媒体关系工作。2008年至今供职于德国波鸿GLS银行公共关系部门。

拉达·R.夏尔玛（Radha R. Sharma）印度古尔冈管理发展研究

院组织行为与人力资源发展领域高级教授，美国管理学会印度人力资源代表。她完成了世界卫生组织、联合国教科文组织管理学会、麦克兰德研发中心、加拿大国际发展研究中心（IRDC）以及印度政府的研究项目。获得 2006 年、2008 年、2011 年美国人力资源开发学会杰出前沿研究论文奖、2006 年、2007 年印度 MDI 最佳教师奖之最佳研究奖、2007 年 AIMS 国际期刊最佳编辑奖、2008 年 AIMS 国际杰出管理研究者、数次最佳论文奖，她研究的兴趣点在于情绪智商、企业社会责任、压力与工作倦怠、领导力、变革管理、全方位反馈、能力素质模型。她拥有哈佛商学院 GCPCL 认证、性格类型协会职业性格测试高级专业认证，还拥有英国文化委员会、英国新商业学会以及世界银行研究学会的企业社会责任认证。她的著作包括案例研究、数本书籍以及发表在国内、国际期刊和论坛论文集之中的研究论文。她撰写的书籍有：《变革管理》（2007）、《全方位反馈、能力素质模型与评估中心》（2002）、《优化学术成就：某些性格因素的作用》（1985）以及《组织行为》［与斯蒂芬·麦柯肖恩（Steven McShane）、玛丽·安·冯·格里诺（Mary Ann Von Glinow）合作，2006］。她还参与撰写了《组织行为国际百科》。她的邮箱：radha@ mdi. ac. in.

安东尼诺·瓦卡罗（Antonino Vaccaro）巴塞罗那 IESE 商学院助理教授，葡萄牙天主教大学 FCEE 商业与经济学院道德中心行政主管。他的文章发表在《商业道德期刊》《管理研究期刊》《研究策略》《道德与信息技术》以及《技术预测与社会变革》等期刊上。

斯蒂芬妮·A. 威廉姆斯（Stephanie A. Williams）在 BB&T 工作将近七年，最近从事一系列社区拓展项目。2008 年她毕业于乔治·华盛顿大学，此后又在那里获得了 MBA，她的专业方向是战略管理和公共政策，尤其关注企业社会责任。

菲欧娜·S. 威尔逊（Fiona S. Wilson）新罕布什尔大学惠特摩尔商学院（WSBE）战略、社会企业家精神和可持续发展专业的助理教授。先前，菲欧娜在波士顿西蒙斯管理学院教授 MBA 和商业战略行政教育课程，特别关注战略和社会/可持续发展的交叉领域。2009

年她于波士顿大学管理学院完成了自己的论文，主题是"社会良心资本"，这也是她目前的研究方向，考察那些创造了社会和环境福利的市场导向的业务模式。在开始学术生涯之前，菲欧娜在市场营销和广告行业工作了十五年，最后成为市场营销副总监。菲欧娜还承担着公益组织的大量工作，包括联手创建和引导社会风投基金"愿景团队"以及马萨诸塞盲人协会，她还供职于受托人委员会。菲欧娜目前是伍尔夫·内克农场基金（缅因州可持续发展农业领导者）的受托人委员会成员。她还就职于科里·麦克福森·纳什、"繁华之烛"（在纷争地带为妇女提供长期工作的社会风险投资基金）以及《快乐厨房》（为儿童创办的非营利烹饪杂志，旨在与肥胖症作斗争）咨询委员会的成员。

F. 罗伯特·威尔逊（F. Robert Wilson）CCML 首席投资官，CCML扎根于波特兰和缅因州，他在此地负责资源搜集、构建，并负责国内 500 美元到 8 000 万美元的重点融资项目管理。他曾是非营利经济发展组织和盈利金融机构的高级管理成员。

人道主义管理网络是国际化的、跨学科的、独立的网络，它在关心人类尊严和幸福的前提下促进经济体系发展。

人道主义管理网络保护着人类的尊严，尽管这尊严不堪一击。人类的尊严有赖于人类定义自身存在意义的能力，由于人类的自知之明是通过社会合作建立起来的，因此经济关系和商业活动两者都能够培养或阻碍人类的生活幸福。反对在人力资源工作中代入普遍客观化的人类、反对将人类工具化为人力资本和赚钱的手段，我们将人性作为最终目的和一切经济活动的原则来守护。

要维护人类的尊严就要尊重人类的自由，在经营中和社会中都是如此。说到集中决策，企业和政府一样，应该基于相关各方自由平等的考量、参与和代表。遵守法律必须优于通权达变，这一点经济上和政治上相同。

我们相信市场经济蕴含着人类普遍发展的内在实质。为了推广有益于生活的市场活动，我们希望以注重每个人尊严的定性标准来补充沿用至今的、衡量管理和经济成果的定量指标。

作为研究者，我们研究的对象是业务和经济中的人道主义范例，试图促进企业与政府为公众谋取利益。

作为智囊团，我们的目标是传播智力工具来实践好文化和经济方面的可持续发展，将人类作为工作的焦点。

作为教师，我们努力教育学生、释放他们的天性并积极贡献于有益生活的经济，在这种经济之中人类尊严普遍得到尊重。

作为从业者，我们致力于从个人、企业和政府层面贯彻人道主义经济。

作为公民，我们将社区引入人本经济福利话题。

相关书籍如下：

Bank with Integrity

Humanistic Management in Practice

Humansitic Ethics in the Age of Globality

前　言

纳西姆·尼古拉斯·塔勒布（Nassim Nicholas Taleb）在全球金融危机显现的 2007 年出版了《黑天鹅：如何应对不可知的未来》，他写道：

我们以前从未生活在全球崩溃的威胁之下。金融机构兼并融合成为少数几家巨型银行。现在几乎所有的银行之间都存在千丝万缕的联系。因此，金融生态圈膨胀成为庞大的、封闭的官僚主义银行，牵一发而动全身。[①]

彼得·圣吉（Peter Senge）及其联合作者在金融危机全面爆发之前完成了《必然革命：个人和企业如何携手创造可持续发展的世界》，将当前的工业时代比作金融泡沫：

我们都熟悉金融泡沫，经济历史学家用它来比喻一个反复循环出现的难题：金融过度扩张和崩溃是如何一再发生并将本来聪明智慧的人们拖入深渊的？

答案是在扩张阶段实际上有两个平行的主体在发展，一在泡沫之内、一在泡沫之外。两者对于厕身其间的人来说都同样真实。但是泡沫越多，就有越多的人执迷不悟。最终，泡沫之中的主体深陷其中而再也无法理解局外人的观点了。[②]

危机始于金融领域，扩散而导致在英国、希腊和中国这样差异颇大的国家中出现对外国劳动力的冲击、暴力游行示威和国内动乱。

[①]　Nassim Nicholas Taleb. The Impact of the Highly Improbable. 2007, Penguin edition, 2008：225.

[②]　Peter Senge, Bryan Smith, Nina Kruschwitz, Joe Laur, and Sara Schley. The Necessary Revolution：How Individuals and Organisations Are Working Together to Create a Sustainable World. Nicholas Brealey Publishing, 2008：34 - 35.

危机令评论家和政治家们翻遍辞典和历史书来描述当下情况的严重性并想要找出与之相匹的事件。到目前为止，信贷危机在全球肆虐、让人捉摸不透的金融工具越来越多，我们确实到了收拾残局总结教训的阶段，其中的危机在全球化之下难以被看破——那些识破危机的人不愿或者无力让这个世界摆脱危险。

金融危机对人类造成的危害不言自明：

● 领取政府救济的人与日俱增。

● 生存发展的机会在迅速消失——尤其是对一些上年纪的劳动者而言，他们也许要重新寻找重要的工作。

● 重置家园并提高了对保障性住房的实质需求。

● 滋长仇外情绪和经济部落主义。

● 时下全球金融服务品牌销声匿迹，伊朗、英国、美国和其他地方的一些银行被迅速国有化。

● 盛极一时的投资银行一蹶不振。

● 纳税人几十年都要背负着债务负担。

还不止如此，数以百万计的人们眼见着自己毕生的储蓄和养老金大幅蒸发，许多人不得不延迟退休，时间可能长达数年。仅麦道夫丑闻就毁掉了几只大型慈善基金并重创了其他基金，削减了流向慈善事业的资金和资源。

人道危机的后果是由处在全球金融业发展背景下的某些银行不负责任的行为引起的。事后很容易看到累积的风险。处在举世皆知的市场泡沫的狂热之中，我们中的大多数却并未意识到风险，放松警惕，就好像景气的时期会一直延续下去——或者是少数人看到了危机的端倪，观点和声音却无法被大家听取。

世界银行的总裁罗伯特·佐利克（Robert Zoellick）说，世人回望过去的这几年，可以仅仅视其为衰退，或者明智地将其看作负责任的时代。

为了让后辈能够看到今时今日这个负责任的时代，我们需要在整个业务模式中把盈利的业务同责任联系起来——这正是本书中的银行所做的。而对政治家、监管者、金融业、银行、评级机构、商学院、投资者和公民而言，他们面临的挑战在于如何才能走向正确的方向。

因此像本书这样的出版物，其价值在于尝试分析一些银行在危机中繁荣发展的原因以及从它们的经验中我们能够学到什么。

在拜访了志同道合的海科·斯皮策克（Heiko Spitzeck）博士之后，我们很高兴为大家推荐一本与人道主义管理相关的书籍——《企业社会责任的坚强核心》（*Doughty Centre for Corporate Responsibility*）。我们不必在意所有的分析或是推荐语——我们只是认为此书为探讨如何避免所谓未来金融危机的"土拨鼠日"略尽了绵薄之力。

戴维·格雷森（David Grayson，CBE）
道蒂企业社会责任研究中心
（Doughty Centre for Corporate Responsibility）
克兰菲尔德大学（Cranfield University，United Kingdom）
www.doughtycentre.info

目　录

第一章 概　述

海科·施皮策克　麦克·皮尔逊　克劳斯·迪克斯迈尔

在医学领域，疾病是靠体征和症状来诊断的。医生的诊断获得更高可靠性的办法之一是确认是否存在相似条件下的家族病史。另外，在可能的情况下医生还可以考察相似生活条件下的健康人。通过与患者进行比对，这些健康人能够帮助医生判断病因更多来自于遗传因素还是行为因素。

在初步诊断时通过观察群体中健康的个体来提高可靠性，该过程将是本书的焦点。有些银行比其他大多数银行更好地经受住了目前金融市场风暴的考验，在对它们进行考察之前，我们会在此篇引言中先做个初步的诊断。我们接下来要看一些"病征"，证实一下金融市场的参与者具有陷入经济危机的"家族病史"，然后提供备选观点来支持最初的诊断。最后我们会给出"治疗方案"，这个方案虑及健康的金融服务部门的社会目标与价值创造之间的均衡。

金融服务业的病症

综观世界各地报纸的头版头条，2007 年 8 月 9 日并没有什么特别重大的新闻。北半球大多数地方的人们心情放松地享受他们的假期。但就在那一天，欧洲央行向欧洲银行系统注入了 940 亿欧元的流动性。此前几天，美联储已向美国金融市场投放了 1 000 亿美元。这到底是发生了什么事？

美联储和欧洲央行的目的都是确保市场流动性，因为银行同业贷款已经吃紧。商业银行在还款能力方面骤然失去了同业间对彼此的信任。这是必然的，因为市场参与者或是并不了解自己资产负债表上的某些产品，或是明白——且不论产品高度复杂的特点——这些产品存在根本上的缺陷：对繁荣的美国房地产市场次级抵押贷款的巨额投资。是不够了解自己的产品也好，是确实明白这些产品完全依赖于不可永续的房市繁荣也罢，人们对泡沫破裂的预期与日俱增。

次级贷款指的是对没有达到"优质"贷款级别的借款人发放的贷款。这些借款人的风险水平较高，原因可能包括债务拖欠历史、有限的举债经历或者是破产记录。另外，借款人还接受了超过其财产承受能力的贷款。抵押品经纪人交出抵押品的同时也明白借款人可能无力还款，因为贷款的偿还是基于一个假设，即未来房市价格走高会吸收房屋所有者逐步陷入困境所带来的风险。他们可以让房屋所有者借更多的钱来还款，也许借款人最初就不该获得这笔贷款，或者贷款人本来还有可能收回一些有价值的资产。尽管这些贷款操作的错误显而易见，但如果次级贷款受到限制的话，它们还不至于成为整个银行业的祸害。而在美国，次级贷款数量占到全国抵押贷款的20%，并且还是大范围投资产品的基础资产构成。后来艾伦·格林斯潘（Alan Greenspan）称这种普遍的贷款业务为"掠夺式贷款"。①

2007年之前，随着大众授信的增加，银行家和政客一样都喜欢谈论"信用民主化"，而信用增长是通过次级抵押贷款或信用卡来实现的。这使得消费者维持着一种无法单靠收入来支撑的消费水平，并造成了许多家庭所不能承受的负储蓄率。银行还创造了新的机制来对这些信用额度大加利用，将低质量的贷款捆绑打包进证券中并在全球范围内交易，此即所谓的抵押贷款支持证券（MBS②）。这些资产包的定价是基于经济增长环境下对违约率的计算。只要房价保持增长，只要美联储创造的低息货币使得低质量的借款人一旦不能依靠自己的收入就要靠累积更多的债务来偿还贷款，那么这个系统

---

① "Greenspan admits 'mistake' that helped crisis". Associated Press，2008－09－23.
② 通常指的是抵押担保证券（CMO）。

就能继续运转下去。这个过程创造出的经济增长源于其他领域，比如房地产公司、家具零售商以及银行股东收益。然而随着房价的下跌，许多房屋所有者发觉自己身陷困境。在衰退的房地产市场环境下，贷款人又重新"发现"了一个观念，那就是贷款量不能超过借款人的偿还能力，如果无法继续借到更多的钱来偿还之前欠下的贷款，那么很多次级贷款者势必会违约，这就引起了连锁反应。

越来越多的贷款者再也无力赎回抵押品，MBS 市场也随之崩溃。问题还不只是这些债券变得一文不值——毕竟债券的所有权还是存在的——而是现在已不可能再确定它们的价值了。因此在极短的时间内它们实际上就已经是不可交易的了。前面说过，有大约 20% 的美国抵押贷款存于次债市场中。那剩下的 80% 怎么样了呢？问题就在于，为了分散风险，交易的证券是以次级抵押品与优质抵押品相混合为基础资产的。这使银行可以以质量相对低的次级抵押品基础资产来获得 MBS 的高级评级，反之银行又可以提供貌似低风险、高收益的投资机会。同时这种做法又完美地解决了如何从那些一开始就不该发行的抵押品中牟利的问题。即使到了这个地步，美国债券市场的萧条也不会如此严重。但是在早先的房市繁荣中 MBS 被继续再打包并销售给各家银行，造成了在某种程度上谁也不知道这些 MBS 中到底包含了何种资产的局面。一些纯粹是优质 MBS，一些则纯粹是垃圾，但是对介于二者之间的大量产品就没人能够马上判断出 MBS 具体的基础资产是何物了。它们完全依赖于房市永久持续的繁荣来维持价值。只要整个市场走高，人们就不必太过担忧某些资产暴露在风险下。而价格一旦下跌，人们就开始关心风险暴露。不能第一时间给出资产的相关细节就会导致一切 MBS 交易停止。这种情况下没有人清楚哪家银行暴露在何种程度的风险下，所有银行都好像处于风险之中，没有一家银行愿意为其他任何银行提供信用。银行关闭了对金融服务行业运行至关重要的银行间信贷市场。信任——金融市场的润滑剂——已不复存在，而在彼此联系、彼此依赖的全球金融市场中，危机如林火般蔓延开来。

到 2009 年下半年已有超过 300 家抵押贷款人和 20 家银行申请破

产，贬值超过 3 万亿美元（Lechner，2009）。身陷困境的并非只有这些非大而不倒的二级承销商。危机横扫了华尔街、伦敦金融城（the City of London）以及其他众多全球金融中心，同时给健全的金融机构以打击，下表是一些最著名的案例（见表 1 - 1）：

表 1 - 1　　　　　　　　部分银行在金融危机中的结局

国家	金融机构	时间	描述	后果
美国	贝尔斯登	2008.03	获得 JP 摩根 12 亿美元资金以避免破产。	股价从 2008 年 3 月 13 日的 57 美元跌至 5 月 29 日的 10 美元。
	美林银行	2008.09	获得美国银行 500 亿美元资金。	作为独立银行的美林已不复存在。
	雷曼兄弟	2008.09	申请破产。	美国历史上规模最大的破产案。
英国	北岩银行（Norther Rock）	2007.09　2008.02	向英格兰银行寻求紧急金融支持。客户在银行排队等候将他们的钱转存其他银行。Norther Rock 国有化。	国有化。CEO 辞职。欠缴税款 1 500 亿美元。减少 1 300 个工作岗位。
	苏格兰哈利法克斯银行（HBOS）	2009.01	获得劳埃德集团（TSB）的救助。	为了促成合并且避免其成为又一个 Norther Rock，政府也就不考虑竞争法的规定了。
	布拉德福德·宾利集团（Bradford & Bingley）	2008.09	银行部分国有化；储蓄业务出售给了 Santander。	公司价值从 2006 年 3 月的 32 亿英镑跌至 2008 年 9 月的 2.56 亿英镑。

　　伴随着信贷枯竭，金融危机很快波及实体经济。企业更加难以保证财务安全，这导致它们制定不了有效的投资计划，在许多情况下也会导致贷款展期或拖欠。随之而来的对劳动力市场的影响造成失业率上升，连有工作的人也觉得朝不保夕。与企业处境一样，零

售银行业也面临着信贷枯竭。得不到个人贷款、工作没有保障以及媒体对经济的消沉报道使消费支出骤减。像购车这样稍大额的支出计划被延后，零售购买下降，对服务的需求也减少了。信贷缩减触发了传统的经济螺旋式下降，这使当局感到要为经济注入更多的货币，货币当局一方面向银行提供低息货币，希望这些货币能够经由宽松的信贷标准进入实体经济（这个办法被证实在危机中是非常迫切、非常迅速的），另一方面直接或间接地支持大型企业，比如对美国汽车厂商实施紧急财政援助或者在欧洲一些国家实施新车购买刺激计划。所有这些措施只有一个目的：恢复信心。相信银行有能力偿还彼此之间的贷款、相信商业信誉、相信贷款人面对信用申请决定时会坚持基本的原则、相信政府有能力维持福利水平并且在危机中保证个人储蓄的安全。

金融危机消耗的人力成本及其影响与宏观经济状况一样严峻。像雷曼兄弟这样的金融机构曾被视为养老基金投资的保险箱。这些金融机构的倒闭使养老基金贬值，从而导致退休者养老金收入下降幅度高达 30%（Lechner，2009）。房地产崩盘浪潮横扫美国，遗留下一群最脆弱的无家可归者；还有一些人不得不重新设法安置家人。根据 OECD 的一份报告（OECD，2010），2010 年夏季 OECD 成员国中失业人数比 2007 年增加了 1 700 万人。除了造成个人经济上和情感上的困顿，每一份工作的失去都加重了国家后危机时代的债务负担：不仅仅是紧急财政援助和一篮子刺激计划增加了政府负债，它们还面临着税收收入减少以及潜在福利成本支出增加的问题。正如 OECD 的秘书长安吉尔·葛利亚（Angel Gurria）在同一份报告中所说："要同时减少失业和财政赤字，这样的挑战真是令人胆寒。"根据以往及此次经济危机的经验，最弱势者遭到的打击最惨重，而在今日经济全球化环境之下，不独在国内，国家之间也是如此。国际货币基金组织称全球金融危机是千年发展目标计划的挫折（IMF，2010）。联合国秘书长潘基文认为有必要督促富裕国家不要缩减危机前对最贫困国家作出的援助承诺（联合国，2010）。而在许多贫困国家，出口导向的国内产品的成功传奇也随着国际买家中止或取消订单而销声匿迹了。

总结起社会性的结果，汇丰银行的 CEO 斯蒂芬·格林（Stephen Green）说①："银行彻头彻尾地错了。以任何理性的标准来衡量，某些做法都是对人类福利无益的。"2008 年金融危机及其后果的关键历史结论就是金融业是现代社会的生命线。一旦它出了问题，我们的日常生活都面临着严重的后果。

2008 年金融危机的历史根源

引言开头就说过，考察医学条件与家族历史上的相似健康问题是否相适有助于进一步诊断。就本书而言，我们要稍稍分神关注一下之前的一些金融市场危机，这会令我们有所收获②，每一次危机都曾在实体经济中留下深刻的印记，每一次危机也都是以纳税人解救银行的巨大努力而告解决的。还有，在每一次危机前，银行总是通过某种行为制造高回报，而后来这种行为都被判定为危机的根源，社会中最弱势群体受其伤害最大。接着我们就来回溯一下曾经发生的那些危机。

根据雷曼兄弟的研究，18 世纪有 11 次银行业危机，19 世纪是 18 次，而 20 世纪则为 33 次。正如那些充分而响亮的呼声所主张的，如果这是一种趋势的话，我们最好还是振作精神好自为之。2008 年金融危机也许只是 21 世纪金融危机狂潮的序幕。但要是能够在某种程度上保证危机不变成必然趋势的话，我们就急切需要从眼前的和之前的危机中吸取教训。下文仅罗列了近 150 年来的一些典型案例，我们也许能够从中有所借鉴以进一步指引我们对金融系统弊病的判断。

---

① Don't demonize banks. urges HSBC chairman Stephen Green，Telegraph，2009 - 01 - 30.

② 之前几次危机的信息来自于 Steve Schifferes "Financial Crisis - Lessons from History"，BBC news，2007 - 09 - 03，Jon Henley "Show us the Money"，Guardian，2007 - 09 - 19.

1860～1900 年：最后贷款人的诞生

　　欧沃伦·格尼银行（Overend，Gurney & Co.）是伦敦的一家贴现银行（Elliott，2006）。它的主要业务是为商业和零售银行提供资金。在其中一位创立者退休之后，这家银行开始投资于铁路和其他产业，并且大量减少了支撑其运营需要的短期现金。股价一走低，银行马上出现了流动性短缺，又因为英格兰银行拒绝提供紧急援助，欧沃伦·格尼银行于 1866 年进入了清算程序。由于对其他银行的再融资业务，它的倒闭对规模较小的银行产生了严重的影响。尽管还具有偿付能力，但因无法自融资，这些金融机构中的几家不得不暂停业务。结果有超过 200 家公司和小型银行停业。沃尔特·白芝皓（Walter Bagehot）建议改革金融体系，令英格兰银行制度化而成为"最后贷款人"以防止一家银行的倒闭殃及其他。19 世纪 90 年代的"巴林危机"就是这样得以解决的。巴林银行在阿根廷的投资失败后强行要求英格兰银行提供 1 800 万英镑对其进行援救。援救迫使英格兰银行置《不列颠银行宪章法案》（British Bank Charter Act）于不顾，该法案规定货币发行要有等量的黄金相挂钩。

　　这次危机主要的社会教训就是一家银行的倒闭会影响到其他金融机构，并损害整个银行系统的信用。为了在危机之中保持银行系统的信用，央行在制度上演变为最后贷款人。换句话说，自 19 世纪 90 年代起，英国的银行就再也不可能破产倒闭了；它们可由政府——也就是最终由纳税人——来施以援助。

1929 年：华尔街崩盘

　　1929 年华尔街的崩盘导致了 20 世纪 30 年代的大萧条（Galbraith，1955）。受到诸如广播行业和汽车制造行业等新兴行业前景的影响，大量中产阶级市民以及机构都投资于股票，希望从中获利。

1929 年 10 月末泡沫破裂了，到 1932 年上市公司市值蒸发了 90%。美国的 2.5 万家银行中有大约 1.1 万家在此期间倒闭。直到 25 年后道琼斯工业平均指数才恢复到 1929 年的水平。股票所有权广为分布，市民不得不大幅缩减开支。到 1932 年，美国经济缩水了一半，30% 的劳动力失业。1933 年 3 月，富兰克林·罗斯福总统开启了他的"新政"。在新政之下，政府提高关税并对金融市场和银行业引入大量监管。源自于新政的最重要的法律就是《格拉斯—斯蒂格尔法案》（见下文）。当时还设立了证券交易委员会（SEC）以及联邦存款保险公司（FDIC）。

华尔街崩盘的教训之一就是过度的投机会造成金融市场泡沫——从某种意义上讲，泡沫肯定会破裂。更严厉的控制和监管得以建立来以避免类似的投机过度。

1985 年：储蓄和贷款危机

在 20 世纪 80 年代金融监管放松的环境下，美国储蓄和贷款机构（S&L 机构）能够进行更加复杂的金融交易。它们为了与大型商业银行竞争而开展了高风险业务，这使它们在 1985 年踏上险途。美国政府成立了脱困信托公司（Resolution Trust Corporation）来接管它们所有的资产和负债，给美国纳税人留下了 1 500 亿美元的账单。1989 年《金融机构改革、恢复与执行法案》（*Financial Institution Reform, Recovery and Enforcement Act*）为储蓄和贷款行业引入了新的监管，但是并未使这个国家幸免于 1990 年 1 月的衰退，普遍认为这次衰退是储蓄和贷款危机的余波。储蓄和贷款危机总共造成 1 530 亿美元的损失，其中纳税人承担了 1 240 亿美元，而金融服务业则付出了 290 亿美元。[①]

我们能从储蓄和贷款危机中得出的结论就是：放松监管本身就

---

① 这些数据是 1986 ~ 1995 年 S&L 危机导致的损失，数据来自于 Timothy Curry 与 Lynn Shibut《S&L 危机的成本：真相与了局》，FDIC Banking Review，2000，13 No. 2。

是危险的事。针对金融市场机构的政策在创造增长机会的同时如果没有直面相应的下跌风险的话，就可能会变成由纳税人负担的代价高昂的冒险。当有最后贷款人作靠山而让金融市场参与者自作主张时，它们就会暴露在风险下，即使它们原本并不想这样做。

1987 年：电子交易危机

1987 年 10 月 19 日美国股票市场下跌了 22%，欧洲和日本市场也相应地下跌。普遍认为当时市场充斥着内部交易和负债收购，再加上美国经济放缓，二者共同触发了股市的抛售潮。新兴的可自动执行指令的电子交易系统加剧了此次抛售潮。结果是当局设置了所谓的"熔断器"来限制自动交易，也颁布实施了关于内部交易的新的法律。

电子交易危机证明即使是少数市场参与者的作弊行为也会导致人们对整个市场失去信任。电子交易再结合一种降低人类判断干预空间的技术，这种信任的缺失几乎能够立即对系统产生冲击。为了解决这个问题，新的监管得以建立，而且自动系统被嵌入预设的断路机制来限制系统化的影响。

我们在分析各个金融危机的历史根源时发现一个共同的问题：监管总在危机之后，这表明单纯对危机作出的监管反应效果有限（见表 1-2 的总结）。

表 1-2　　　　　　　　　　危机与监管的循环

危机		法律后果	
1866 年、1890 年	欧沃伦·格尼银行的破产引起了英国其他 200 家公司的倒闭。巴林银行危机迫使英格兰银行注资 1 800 万英镑以实施援救。	1890 年	《不列颠银行宪章法案》被暂停执行以避免银行倒闭。

续表

危机			法律后果
1929 年	纽约华尔街由于投机性交易泛滥而崩溃。"股票交易"机制失去了公众的信任。	1933 ~ 1934 年	《证券交易法案》建立起监管机构来管理股票交易。开始实施《格拉斯—斯蒂格尔法案》。
1985 年	储蓄和贷款危机	1989 年	出台《金融机构改革、恢复与执行法案》。
1987 年	电子交易危机	1987 年	NYSE 引入"熔断器"机制来防止"羊群效应"。
2008 年	美国次级抵押贷款违约引发全球金融危机。	2008 年	诸如福尔蒂斯（Fortis）、格力特尼尔（Glitnir）以及布拉德福德·宾利（Bradford & Bingley）这样的银行被部分国有化。出台《2008 年美国紧急经济稳定化法案》（*US Emergency Economic Stabilization Act*）。

病理诊断：金融危机的根源在于银行及其管理中的投机行为

　　重温 2008 年的金融危机并简要回顾在它之前近 150 年间的几次危机后可知它们在根源上是相似的，这个根源让我们质疑发展金融服务行业来促进实体经济发展的效力。投机行为反复出现，表现为三种主要形式：（1）靠传播以钱生钱的谬论来提高盈利能力，撺掇投资者投资于高风险的业务；（2）高管薪酬计划刺激投机行为；（3）鼓吹宽松的监管，其理论依据是更严厉的监管会减少金融服务企业之间的竞争。在回顾一些显而易见的行为模式案例之前，接下来的几页内容我们要来看看投机行为的必要组成部分。
　　机会主义指的是有意自私地对周遭环境加以利用而不太顾及道

德、价值和规范。而公认的一个简单结论是，银行的投机行为是为了将利益据为己有并将损失推向社会。

抓住机会获得金融利益与承担起曾经奉行的道义并行不悖。由于承担道义是被隐含在内部的要求，所以"机会主义"这个词常被用作贬义。而投机行为则是不讲道德的：它对手段的选择完全是出于迅速有效达到预期目的的考虑，投机者往往很清楚出现的消极后果，这种后果是人们难以理性认知的；它极大程度上忽视了那些无力捍卫自己权利之人的权利。投机行为所遵循的"道义"中只有一条可能是正确的，它将合法性问题抛到一边，攫取所有由代理人权利所赋予的选择权，也就是机会，并践行之。

金融危机曾如此清楚地证明了我们需要金融机构来从各方面服务于实体经济和社会。举例来说，当我们遭遇金融系统的震荡时，源于投资的创新会止步不前，人们在工作期间定期积攒下的养老金也会受到威胁。金融机构就是通往末路之途。而那些对金融危机负有责任的市场参与者用别人的投资和储蓄实现自己的目的，其目的并非是服务大众而是追求自利。他们的行为并不是因为认识到他们所服务的对象对其委以钱财，而是他们能够从服务中收取利息或费用；他们的行为基础是认为必须最大化自身的回报并因此应该支付利息或费用给那些将金钱委托给他们的人们。简而言之，他们不是将自己视为实体经济的服务提供者，而是视实体经济为自己的资金供应者。与此形成对比的是，有操守的银行拒绝投机行为；它们坚守着一些核心道德，认为金融服务者的存在理由就是为实体经济提供服务并创造社会利益。

盈利能力和以钱生钱的谬论

任何诊断都是开始于对基本因素的检查。我们知道病人的关键机能出了问题时就不要去担心偶尔的头疼脑热了。所以一起来看看我们金融体系中最基础的部分，一般认为只要简要回顾即可，但有时居高临下的角度有助于看清大方向。

货币被定义为一种交换手段。我们如此喜爱纸币的原因是携带一张纸绝对要比背着一口袋可交换货物来得方便。万一我需要别人拿来交易的东西，而我的口袋里却没有他想要的东西作为必需的交换，那怎么办？货币解决了这个问题。它使我们可以用自己多余的东西来交换自己想要的，只要我们能够拿出等价物。但是这只有在印出的货币不比产出的产品和服务的价值更多的情况下才行得通。有时我所需要的货币会多于剩余可交换产品或服务的价值，那我就想从有多余货币而眼下不用的人那里借点儿来。这就是银行登场的时候了，它们使我能找到这样一个地方，人人都把多余的资金存放在那里。然后银行就要了解我打算把钱用于何处，如果他们确信我会归还原本那笔借款并且还会支付一小部分额外的钱用以回报贷款人投入货币所冒的风险以及银行所提供的服务的话，我就能够借到钱了。不过那些将额外资金委托给银行的人需要相信银行家会真正了解我借这些钱的意图。银行家的指导原则是寻找投资机会，所承诺的风险回报率由额外资金持有者的收益而非由银行家的收益来决定。

银行只是持有别人的资金来将其重新安排到短缺的人手里，这种做法在未来可能会产生资金过剩。贷出去的并不是银行自己的钱，金融服务提供者没有依据来声称自己有权违背储蓄者的利益而开展自利业务。因此我们要将银行视作服务提供者：它们自己并不生产任何产品。但正如某些人希望我们去相信的，一些银行表现得像是以钱"生"钱，但是不论金融工具多么完善、说辞多么有说服力或者是金融机构的办公室多么堂皇都没有用。我们无法在不生产等价的额外产品和服务的情况下创造出额外的货币。如果这样做了，那我们只是通过通货膨胀来提高产品的名义价值，也就是产品的价格。货币本身只有印刷于其上的那张纸的价值；它代表的是已存在的产品和服务的数量：所有这些产品和服务都可以用这张纸币进行交换。

而投机的金融市场参与者想让我们相信的是，依靠设计灵活的金融产品必定能够将10欧元变成20欧元而不需要生产价值10欧元的产品和服务。立足于最基本的观念，我们就很清楚那些声称不需要在实体经济中创造额外价值就能够"生"钱的"成功传奇"都得从其兜售的谬论所营造的烟幕中现形。金融市场参与者投机行为的头等表现形式就是宣称能够以钱生钱，当他们成功说服足够多的人去相信的时候泡沫就产生了，并且这个泡沫迟早是要破裂的。

金融业监管放松：何人受益？

投机行为的滥用需要监管放松和市场自由化的环境。自由化的目标并非是有选择地许以市场更多自由以更有效地服务于实体经济，它的目的是允许更多的机会主义存在；通过扫除严厉的管制和监管来从众多种类的业务中扩大可供选择的空间，这些管制和监管阻碍了高回报项目的实施，而获得高回报的是金融服务从业者而并非社会。这样高回报的机会也会带来高风险，而显然常常被忽略的一点是，最后贷款人在必要的时候也可以不履行职责。

上文提到的《格拉斯—斯蒂格尔法案》于 1932 年获得通过，用于应对大萧条所产生的影响。为了加强对投机行为的防范，1933 年增加了将商业银行与投资银行分离的法律条文——《银行业法案》（Banking Act）。该法案于 1999 年被美国总统比尔·克林顿废除，举例来说，该法案的废除使得花旗公司（Citicorp）和旅行者集团（Travelers Group）合并成为花旗集团（Citigroup），这家公司一度被认为是"太大而不能倒"（Kaufman，1990）。

法案的废除使商业贷款人可以在保有零售业务的同时在投资业务上交易次级抵押支持证券（MBS）。它们也可以使用来自于其他业务的资金（比如个人储蓄）来供作投资银行的分支机构投机之用。另外，"零售银行"频繁地持有投资银行业内的全资子公司并积极地将资金由零售业务输入到成熟的投资产品领域。年景好的时候，这些子公司是零售银行的明星，然而一旦投资银行业遭受到危机的影响，银行家就声称投行业务跟自己的银行毫无瓜葛，试图以此否认他们已失信于零售客户且违背了他们储户的利益。

一些观察家因此表示《格拉斯—斯蒂格尔法案》的废除直接对金融危机负有责任，因为随之而去的是最重要的控制机制之一，该机制将零售的银行业务和投机的银行业务分隔开来。废除法案的建议由金融行业提出，清清楚楚地证明了谁才是这一变动的受益者①：

1. 商业银行的市场份额正流向其他监管环境较宽松国家的金融机构。这制约了银行的国际竞争力。

2. 抵押支持证券交易被认为是低风险的，这是基于它多样化的考虑。因此没有必要将商业行为和投资行为分隔开。

3. 在全球其他地方，分业经营还不成熟，从别国的监管环境中我们得到的启示可以归类总结为自我监管和国家监管两个方面。

这些说法一味强调银行在国际市场上的竞争力而绝不会考虑到社会利益方面的原则。不过我们有理由质疑那些认为严厉的监管本身会阻碍竞争的观点。比如制药行业被认为是高度竞争的行业，但是全球市场的行业领导者很多都来自于对新产品监管严厉的国家。出自监管严厉的市场的制药企业之所以成功，不是因为它们面对的对手是公众，而是公众要求尽量保证新药不会产生公共健康风险。这些措施培养了公众的信任感并且将公司本身作为产品高质量—低风险的标志。但是谈到经济健康时，我们却认为最好的办法是在监管上采取自由主义的态度。假如一个国家的政策制定者相信保证制药公司不生产任何具有潜在危害的产品的最好方法是在决定一种产品是否安全时政府只发挥程度最低的监管作用，你会想要购买这种国家生产的药物吗？

对金融服务供给进行一致的监管，或者至少是在主要金融中心范围内实施一致的监管，对保持业内平等来说毫无疑问是合适的，甚至可以说是必需的。而且这也是可以实现的。有观点认为一个国家一旦收紧监管环境，整个行业就要洗牌或者在其他国家的业务就要出局，这让人不能苟同，尤其是在知识密集型行业这种依靠全套一流基础设施的行业，比如金融服务业。因此，《格拉斯—斯蒂格尔法案》的废除可以被看作是由金融业投机性游说而引发的系统性退

---

① Congressional note，http：//digital．library．unt．edu/govdocs/crs/permalink/meta－crs－9065：1（2009－03－02）．

化的一个重大事件。

然而货币供给、利率和金融市场的运行规则属于央行和公共监管者的职责范畴，它们对危机也负有责任。且不说它们处在游说者的压力之下，当金融市场从业者处于能够进行某种选择的地位而给依靠金融业运行的公民带来损害和苦难时，央行和公共监管者还并不清楚自己的职责所在。

艾伦·格林斯潘担任美国联邦储备银行主席超过 18 年，是自由市场的标志性人物。①他将 2007 年的危机称为"百年一遇的信用海啸"。在证券交易委员会（SEC）的一次听证中，格林斯潘的政策被批评为监管错误和判断失误。格林斯潘发现他的错误在于相信自利（机会主义）的银行会保护股东和机构的利益。他说金融危机的影响"比我所能想象到的任何东西都要大得多"，"我还是没有完全搞明白它为何会发生"。这代表了众多金融行业工作者的状态。

已经发生和正在发生的事情是，我们让金融市场的代理人完全按照机会主义行事。我们某种程度上保有一种信念，认为监管环境如果能令所有的努力都朝着一个目标即为它们自己的机构或者自身的利益谋取最高回报，那么就能够通过某种奇妙的过程自动使银行为每个人都创造出满意的结果。新古典自由主义范例、已经得到印证的过去以及再一次成为金融服务从业者监管方向官能障碍的基础观念仍然主导着我们的认识。

高管薪酬计划：由贪婪的刺激所造成的系统性影响

从单个银行管理者的层面来看，投机行为得到激励系统的鼓励，这不会与管理失当的社会性结果联系起来。他们鼓励这样的制度安排，他们唯一的目的是获得尽可能高的短期利益，丝毫没有顾及这些增长的利益是否对社会有害，或者是否是从社会中榨取而来的。

有说法称金融市场从业者追求的是一己之私利和社会之损失，

① Greenspan admits "mistake" that helped crisis. Associated Press，2008 - 10 - 23.

在高管薪酬计划中，这种说法的真实程度是极其高的。2007 年和 2008 年银行要求政府进行紧急援助的时候，一些管理者还在索要合同所承诺的奖金。这种行为引起了公众的强烈抗议，下面几件事更是火上浇油：

- 无视宪章第 11 条对破产的规定，雷曼兄弟对纽约员工拿出 25 亿美元作为奖金。①
- 苏格兰皇家银行于 2009 年 1 月 19 日公布了 280 亿英镑的损失。② 媒体报道该银行意图发放将近 10 亿英镑来奖励其高管，银行的行为引起了英国国内的公愤。③
- 瑞士联合银行（UBS）宣布，尽管有 197 亿瑞士法郎的损失，它仍会支付给员工总计 22 亿瑞士法郎的奖金。④

这些例子说明金融高管根本不愿意为他们自己的商业决策承担责任，而此时对高管薪酬计划的诟病早已不是新鲜事了。新鲜且振奋人心的事情是，如今高管们意识到并公然承认高管薪酬计划必须改变。纽约泛欧证交所（NYSE Euronext）的首席执行官邓肯·尼德豪尔（Duncan Niederhauer）说："很显然，这些公司中的一些薪酬模式不仅要改变，而且要进行彻底的检查。"⑤ 即使是汇丰银行的主席史蒂芬·格林也承认"不同收入水平之间存在巨大且仍在加剧的不平等"。⑥ 评判高管收入是否适当的一个主要指标是员工收入与高管收入间的关系。美国记录了四十多年来二者的关系，并发现二者

---

① David Prosser. Fury at ＄2.5bn Bonus for Lehman's New York Staff. Independent, 2008 - 09 - 22.

② BBC News. RBS shares plunge on record loss. 2009 - 01 - 19.

③ David Milliken. ＄1.47 Billon Bank Bonus Prompts UK Outrage. Reuters, 2009 - 02 - 08.

④ Financial Times Deutschland. Trotz Rekordverlust——UBS verteilt boni von 2, 2 Milliarden, 2009 - 02 - 10.

⑤ Lisa Jucca & Nichola Groom. CEO's Say Overhaul of Bank Bonuses on the Cards' Reuters. 2009 - 01 - 30.

⑥ Larry Elliott. HSBC Chief Says Widening Pay Gap Contributed to Collapse of Trust Banks. Guardian, 2009 - 01 - 30.

间的差距在不断加大（见图 1 - 1）。

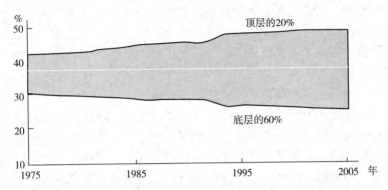

　　资料来源：美国人口统计局（census bureau）当前人口调查，2005 年度社会与经济补充调查。

图 1 - 1　收入差距增加

　　上层社会的富人对生活必需品唾手可得，还能享受到良好的教育、优秀的律师和私人医生提供的服务，剩下 60% 的底层居民却在为必要的生活保障而苦苦挣扎。为了贴补日常开支，他们越来越需要举债。看看美国平均每户家庭的信用卡欠款，从 1994 年的 4 301 美元上升到了 2009 年的 15 788 美元[1]（一些时事评论者相信这会成为下次危机的发端）。底层低收入者不得不贷款买车代步上班或者贷款建房来庇护家人。他们对经济环境的变化也非常敏感，毕竟由于工作素质不高，一旦环境不好，他们将是首先失去工作的一批人。他们无力送孩子上名校，来自这些家庭的学生需要贷款来完成学业。美国的大学毕业生平均每人背负着 20 000 美元的贷款。[2] 美国市场环境适宜次贷发展，社会收入不平等可能是因素之一。

　　诺贝尔奖获得者约瑟夫·斯蒂格利茨（Joseph Stiglitz）进一步指出，高管薪酬计划会鼓励不负责任的行为。"经理人的报酬来自于股

---

　　[1]　http：//www. creditcards. com/credit - card - news/credit - card - industry - facts - personal - debt - statistics - 1276. php#footnote1 （2010 - 07 - 14）.

　　[2]　Demos. org，《美国年轻人的经济状况》，2008. 05。

票期权，他们有提高市场价值的冲动，因为提高报表收入比提高与实际业务相关的真实利润要容易得多。"① 为了提高报表收入，经理人会将负债从资产负债表中移出或者会在表中计入未实现收入。另外，投机提供了迅速赚钱的机会，成功的"赌徒"会获得丰厚的回报，抵押支持证券又是一例。在这些证券交易中，风险被一再打包出售，以此提高利润但并不能创造任何价值。实体经济中的基础资产——这里指的是不动产——以及修缮不动产以增值的方法从来都不在交易考虑的范围内。这桩买卖考虑的是以体面的方式将风险再打包后丢给下家而从自己的资产负债表上移出，这样做就是要干扰买方认知内在风险的能力。这种做法迎合了股票市场分析者，同时也满足了发放奖金的条件，而且在清楚知道最后贷款人会在需要时介入的情况下，就产生了能够增加个人收入又不用害怕个人承担风险而遭受损失的机会。

经理人与员工之间的收入比率问题尚在争议中，抛开这个问题在道德上的争论，金融服务行业的高管薪酬计划已经产生了深远的系统性影响。经理人们鼓励投资产品的发展和营销，他们对除个人报酬以外的其他影响都漠不关心，而由此造成的影响无处不在，从零售银行客户"顾问"出售给养老金领取者高风险凭证来保护其毕生储蓄到交易者出售再打包的抵押支持证券给其他银行或个人投资者。造成的系统性结果就是大量的资源和人力投入金融市场而对创造社会价值毫无兴趣，他们觉得实体经济规模比他们交易所需的货币供应量大不了多少。

现在的激励体系使银行业去专业化，因为其促使个人将注意力集中于经营自身财务利益这个唯一的目标上。传统的专业技能包括神学、医药学和法学，由于专业人士工作技能高超，而使专业团体中的成员具有相当的威望和社会地位。专业知识塑造了专业技能，而专业知识需要长期的教育和资历。这些专业人士具有很强的社会

---

① J. Stiglitz，《2007/2008 金融危机及其宏观经济影响》，http：//www2. gsb. columbia. edu/faculty/jstiglitz/download/papers/2008 _ Financial _ Crisis. pdf（2009 - 02 - 23）.

目的性，法律工作者匡扶正义，医务工作者关照健康，神职人员致力于救赎。专业团体是自治的，拥有自己的道德准则来惩戒成员的不专业行为。最有名的专业准则是医药学专业中立誓于公元前 4 世纪的希波克拉底誓言。誓言中有如下一句话："谨遵为病患家庭谋利之信条，并远离一切苟且之行为与诱惑……"如誓言中例证的，不专业的行为尤其表现为投机行为以及为数众多的在某些情形下专业人士利用他人以自肥的情况。这正是当前的激励体系所鼓励的：他们要出卖职业操守。一个曾经视自己的酬金重于病患健康的医生，你还会信任他吗？

我们的诊断是否正确？是否有方可医？

通过病症分析，我们诊断出了银行及其管理中的投机行为。假如这个诊断成立，那么我们应该可以得知有职业操守的银行受到金融危机的影响较小。分析它们的结构、政策、高管薪酬计划和所作所为就能够让我们获得有益的"免疫"来应对未来的危机。因此，本书选取一些银行案例，这些银行在我们看来是基于职业操守来开展银行业务的（见表 1 - 3）。由此我们希望传递一种信念，即人道主义的管理模式是可行的——即使在金融领域也是如此，因为事实就摆在眼前。

表 1 - 3　　　　　　　　本书中的案例

银行	国家
ABN AMRO Real	巴西
Banca Popolare Etica	意大利
Banca Prossima	意大利
Branch Banking & Trust	美国
CEI Capital Management LLC	美国
Cooperative Bank of Chania	希腊

续表

银行	国家
GLS Bank	德国
ICICI Bank	印度
People's United Bank	美国
Shore Bank Corporation	美国
Triodos Bank	荷兰
Wainwright Bank & Trust	美国
Investment banks including	美国
J. P. Morgan，Banco Santander	西班牙
BNP Paribas	法国

参考文献

［1］Elliott, G. The Mystery of Overend & Gurney：A Financial Scandal in Victorian London. London：Methuen, 2006.

［2］Galbraith, J. K. The Great Crash：1929. Boston, MA：Houghton Mifflin, 1995.

［3］Kaufman, G. G. Are Some Banks Too Large to Fail? Myth and Reality. Contemporary Economic Policy, 1990, 8（4）：1 – 14.

［4］Lechner, C. Konsequenzen aus der Finanzmarktkrise – Perspektiven der HSG. St. Gallen：Exzellenzinitiative Responsible Corporate Competitiveness, 2009.

［5］OECD. OECD Employment Outlook 2010, Moving beyond the Jobs Crisis. Paris：OECD Publishing, 2010.

［6］The International Bank for Reconstruction and Development/ The World Bank. Global Monitoring Report 2010, The MDGs after the Crisis. Washington：The World Bank and The International Monetary Fund, 2010.

［7］The United Nations. The Millennium Development Goals Report 2010. New York：The United Nations, 2010.

第二章　ABN AMRO Real

——新社会的新银行

帕特里夏·帕拉西奥斯·伊瓦拉　麦克·皮尔逊

> 行正途，做正事，以成功。
>
> ——ABN AMRO Real 的价值取向

"林中分出两条路，而我——我选择足迹寥落的那一条，从此人生全然不同。"这是 1918 年罗伯特·弗罗斯特（Robert Frost）在他的诗作《未选择的路》中所写（Frost，2002：270）。未选择的路指向未知而往往包藏着更高的风险。同时，这些风险也意味着机会、意味着竞争优势，这种优势能重新定位金融机构并使之进入全新的境界。巴西五大私有银行之一的 ABN AMRO Real 就是那些选择不同道路的金融机构先行者中的一个，它们将企业社会责任作为一切业务活动的核心。它们的业务模式给南美洲银行业带来了革命性的影响，向人们展示了金融机构如何能够在营利的同时保持道德上的姿态。2008 年，该银行被英国《金融时报》和国际金融公司（International Finance Corporation，IFC Press Release）评为"年度最可持续的银行"。本案例的研究将会阐明 ABN AMRO Real 是如何通过将企业社会责任置于经营活动的核心地位而取得成功，以及我们能够从它的管理实践中学到什么。

建立新社会新银行的愿景

ABN AMRO Real 根源于 Banco da Lavoura de Minas Gerais，这是一个位于巴西贝洛哈里桑塔的金融集团，旨在保证农民的融资机会。

1925 年，Banco da Lavoura de Minas Gerais 将总部迁至圣保罗，公司在当地名称为 Banco Real。从此，Banco Real 开始拓展其业务，直至 1975 年建立了最大的分支机构网络。该银行 1998 年被一家荷兰金融集团的巴西子公司 ABN AMRO S. A 兼并，这家子公司设立于 1917 年，当时叫做 Banco Holandes da America do Sul。1998 年，合并后的银行 ABN AMRO Real 有超过 200 万的零售客户，雇员超过 17 000 人。

FEBRABAN 总裁、巴西银行业协会会长、ABN AMRO Real 新上任的董事长法比奥·C. 巴博萨（Fabio C. Barbosa）面临着企业整合兼并后的挑战。其时银行业发生了其他几起兼并，竞争变得激烈起来。许多规模较大的竞争者不但有更加良好的技术设备支持，还有更高的品牌认可度。尽管巴西被视作南美洲主要的新兴经济体，但此时，贫困造成的糟糕的城市基础设施建设、高度的收入不均以及加剧恶化的环境都折磨着这个国家。巴博萨先生认为"一个不能享有自身成就的国家，它就算成功也是枉然的"（Barbosa，2006）。弄清了行业的竞争情况和重大社会问题之后，巴博萨先生知道建立全新的银行是有可能的，它不仅特立于其竞争对手，而且最重要的是具有能够改变社会的新特点。不单是投资者，就连所有的股东也会尊重并认可这样的银行。

受到创建"新社会的新银行"这一前景的鼓舞，巴博萨先生和其他银行高管相信他们能够靠"行正途，做正事"获得成功。"行正途"就是将企业的社会责任置于业务活动的核心地位来发挥影响力。他们要超越单纯的慈善事业范畴，证明企业可以在营利的同时为社会创造价值。2001 年，他们强调的"价值创造"引出了"银行价值"这个概念（见图 2-1）。

银行价值的概念被 ABN AMRO Real 的高管们加以丰富，这些高管包括巴博萨先生、约瑟·路易斯·马约罗（Jose Luiz Majolo）、首席运营官和可持续发展执行董事玛丽·路易斯·德·奥利维拉·平托（Maria Luiza de Oliveira Pinto）。这个新的概念背后是一种信念，即依靠道德的方式经营，银行能够满足所有的客户并最终实现所有股东的利益。这是一种全赢的商业模式。这个团队的商业模式具有

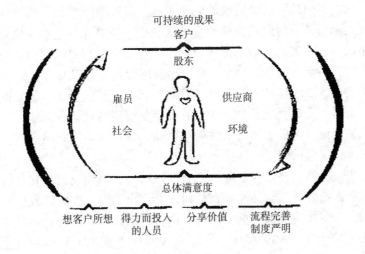

可持续的成果

客户

股东

雇员　　　　　供应商

社会　　　　　环境

总体满意度

想客户所想　得力而投入　分享价值　流程完善
　　　　　　的人员　　　　　　制度严明

资料来源：ABN AMRO Real 网站。

图 2 - 1　银行价值的概念

这样的使命："成为以为客户提供优异服务而闻名的银行，实现可持续的目的，令与我们一同贡献于社会变革的个人和机构满意"（ABN AMRO Real 网站，2008）。但是对银行来说，仅仅做到"满意"的程度是不够的。它致力于满足全体客户，这种使命是无尽的，而且意味着持续不断的改善过程（Banco Real Sustainable Report，2003 ~ 2004：29）。

将可持续发展置于业务的核心地位

尽管银行价值的概念受到许多人的称赞，但是由于认为"全赢"的观念不具有可行性，一些管理者还是对新的商业模式有所怀疑。与大多数未被探知的道路一样，这条路充满了不确定性。虽然最初遇到一些阻力，包括巴博萨先生和平托女士在内的大部分的高管仍坚持以新的方式来开展业务，因为他们坚信这才是"行正事"。这与从前注重交易的做法相反，新的方式意味着要更加关注客户关系的类型和品质。

　　为了保障他们这个愿景的成功实施，高管们明白其中的关键是建立内部团队专门保证企业社会责任扎根于所有业务之中。他们最终指派了一个委员会来讨论并想方设法实现他们想要的转变，而来自于银行各部门的工作小组则要拿出实施计划来。2002 年，在银行价值的概念下创建的委员会又一分为三：管理委员会、市场委员会和社会活动委员会。其中，管理委员会负责环境效益、人才多元化以及供应商，市场委员会关注的是产品、客户和信用风险分析，社会活动委员会的职责则是社会投入和社区活动参与。

　　委员会的关键工作是致力于整合银行的新商业模式。管理者深知，在影响外界之前必须要在公司内部作出改变。因此，银行的业务程序得以接受分析和重新设计以使得它们在社会环境上更具可持续性。2001 年，ABN AMRO Real 引入了自创的"3R"环境效益计划［缩减（reduction），重复利用（reutilization），循环（recycling)]。银行降低对环境影响的努力主要在于减少水和能源的消耗以及循环利用资源，比如复印设备所使用的纸、电池和墨水。通过这些自发的努力，银行在过去三年的能源消耗降低了 12%；目前银行使用的纸约 90% 是再生纸（ABN AMRO Real 网站，2008）。为了弥补出行造成的排放物所带来的影响，管理层提出了雷斯塔（Floresta Real）计划——这项自发的活动旨在恢复大西洋沿岸森林，这片森林主要分布于圣保罗城内切黛河沿岸。圣保罗的这片区域属于卫生条件、教育和发展水平最落后的地带，而这些植被所带来的林货能够帮助增加居民收入从而提高该区的生活水平。

　　这些活动提高了银行的环境效益，而管理层明白，要将企业的社会责任置于经营的核心地位，还需要做得更多。"更好的银行，更美的社会"，这个重要决定需要动员大家采用更具可持续发展前景的做法。他们知道独木难成林，但是通过与别人分享企业社会责任的理念，他们就离愿景的实现又近了一步。举例来说，这表明银行只会与有着同样原则的客户建立密切的关系，否则这些原则就毫无意义。这样做的结果就是银行剔除了那些制造高社会环境风险的客户。这种做法一开始遭遇到了很大的阻力，因为许多管理者认为银行将会损失大量的客户，资产也会减少。

尽管如此，银行高管还是坚持原则，并且在 2002 年设立了社会环境风险部门来更好地筛选和监测其商业客户的社会环境风险。主要的评估方面在于工作环境的安全性和医疗保健条件、外包风险与污染物处理以及是否有使用童工和强迫劳动的情况（ABN AMRO Real 网站，2008）。另外，在一些特定的行业，比如农业和危险化学品运输业，公司会被要求以问卷调查的形式进行定期的行业合规检查。接着，社会环境部门会仔细评估这些调查问卷。当客户涉足某些领域时就会被剔除，像武器制造，这种行业的特点与 ABN AMRO Real 的公司原则相悖，或者是公司没有采纳银行关于可持续发展方面的建议时也会被剔除出客户名单。

2003 年，对 2 112 次信用申请进行的评估中，有 11 次申请因为不符合 ABN AMRO Real 的社会环境责任要求而遭到拒绝。2004 年到 2007 年，又有 36 次信用申请被拒绝（该行《可持续发展报告》，2003～2004，2005～2006，2007）。尽管最后被拒绝的信用申请数只占被评估的申请总数的很小一部分，但关键是这向所有人证明了银行的原则凌驾于财务目标之上（Mansur，2008）。与此同时，ABN AMRO Real 是 2003 年最早自愿采用赤道原则（Equator Principles）的十家银行之一，赤道原则是由数家金融机构建立的一系列指导原则，以此保证银行以负有社会责任的方式来构建融资计划并彻底改变社会环境的管理实践（The Equator Principles Website，2008）。

引导员工作出改变

为了取得进一步的成功，管理层设计了一个活动构架来确保企业社会责任融入机构的所有层面。ABN AMRO Real 的员工参与就是持续贯彻银行愿景最重要的部分。银行的高管们相信更积极主动的员工，为在 ABN AMRO Real 工作自豪，他们自己能够作出负责任的业务决策。如此，员工就能为客户提供更好的服务，而客户则得到更大的满足。要创造一种文化来影响银行的价值和原则，就要提升员工的社会环境意识。教育当然是达到这个目的的最佳方法。因此，2003 年高管们决定通过暂时统筹可持续发展部门和教育部门来组织起教育和可持续发展理事会。这个联合部门的主要目标就是对员工在可持续发展方面进行培训并确保可持续发展渗透进 ABN AMRO Real 的所有培训计划。接下来的几年，银行还与一些来自于其他机构的培训专家合作以加强员工的培训经验。后来，像网络教育这样的技术手段也被用于扩大受众范围。当高管们发现该项工作已告完成，而员工们在可持续发展方面已受到有效的培训时，他们就决定于2007 年解散教育和可持续发展理事会并重新组织两个独立的部门。

培训时调动员工积极性是实现银行愿景的关键，员工参与也是一样。ABN AMRO Real 鼓励并支持员工研究能够提高社会环境效益的方法。由此产生了一些创新计划，这些创新不仅在收益和提高社会环境效益上成果卓著，还提高了员工的参与度和积极性。在被采用的这些计划中就有由一群员工创造并付诸实践的"艾斯克拉·巴西"（Escolar Brazil）计划（ABN AMRO Real 网站，2008）。这个志愿者计划的主要目的是提高巴西公立学校的教育质量并帮助这些学校采取更加可持续的经营方法。在后来的 2002 年，"好朋友"（Amigo Real）计划也被采用并由一群员工团队来运作。与"艾斯克拉·巴西"计划相似，"好朋友"计划的作用是巩固社区服务体系，提高处于危困中的儿童和青少年的生活水平（ABN AMRO Real 网站，2008）。这项计划非常成功。据统计，2002～2005 年"好朋友"计划为处于危困中的儿童和青少年筹集了 2 200 万雷亚尔（约合 940 万美元）。ABN AMRO Real 引导员工参与的努力带来了令人钦佩的成果：根据内部研究，员工满意度从 2004 年的 68% 增加到 2006 年的91%（ABN AMRO Real 网站，2008）。2008 年，"最理想工作场所"组织也将 ABN AMRO Real 评为巴西十佳雇员情谊奖（Mansur，2008）。

为市场带来可持续发展之道

ABN AMRO Real 不仅开展了数项自发性的活动来提高社会环境

效益，还努力以产品管理来发挥更大的影响力。它通过与外部各方积极互动来引入新的可持续发展之道（Hart，2007）。2001 年，ABN AMRO Real 启动了道德伦理基金，这只股权基金目标是投资于具有示范性可持续商业实践的公司以获得高回报。作为拉丁美洲解决社会环境问题的先锋基金之一，道德伦理基金在 2001～2004 年回报率的记录为 163%，而同期圣保罗股票交易（Bovespa）回报率为 131.6%（《可持续发展报告》，2003～2004：44）。根据彭博金融资讯服务对全世界 210 只社会责任投资基金的监测，ABN AMRO Real 的道德伦理基金在 2004 年的表现最好。它们十分成功地引起了巴西其他机构发起类似基金的兴趣。举个例子，同年伊塔乌银行发起了伊塔乌社会优秀基金（Fundo Itau Excelencia，Itau Social Excellent Fund）（Bovespa Corporate Social Sustainability Index，2010）。

案例：Dry Wash 是受到 ABN AMRO Real 的支持而受益匪浅的公司之一，它是巴西一家成立于 1994 年的给清洗行业带来革命性变化的公司（ABN AMRO Real 网站，2008）。用一种来源于本土的植物巴西棕榈树的棕榈蜡，公司开发出不需要水或有害化学剂的"洗车"新方法，这种方法能够有效清除车身上的灰尘而不损伤车的表面。为了帮助公司加强基础设施和产品线的建设，银行为其一些业务进行融资，还助其获得由国际金融公司提供的社会环境信用额度。第一个十年间，Dry Wash 采用创新技术节约了 45 000 万公升的水，而它们的收入则超过预期，在 2005 年达到了 270 万美元（世界资源研究中心，2006）。当公司选择在 ABN AMRO Real 开设账户的时候，它将"可持续导向"作为一个主要的衡量标准。Dry Wash 的创建者和总裁利托·罗格里德斯（Lito Rodriguez）说："假如一家银行有可持续发展的实践，那么银行实实在在关怀客户的可能性就更高"（Portal Exame，2006）。通过支持 Dry Wash 采用惠及社会的可持续化产品，ABN AMRO Real 不仅帮助公司取得成功，还获得了一个有价值的客户。

ABN AMRO Real 决定向那些有兴趣提高社会环境效益的商业客户提供特殊条件下的融资期权。这些信贷期权向公司客户开放，保证期权作用于提高客户的社会环境效益。

帮助企业客户采取更加具有可持续性方法的融资计划被证明对银行是非常合算的，有助于增加有相同价值取向的客户。到 2007 年，ABN AMRO Real 的公司投资组合价值总计为 3 433 700 万雷亚尔（约合 1 935 400 美元），比上一年增长了 32%。与此同时，2001 ~ 2007 年银行活期存款账户数量也增加了 32.5%（《可持续发展报告》，2007）。与 Dry Wash 一样，其他一些企业也从银行的支持中得到极大的收益。这些特别贷款期权再次展示了 ABN AMRO Real 惠及各方的能力。

评估用于支持公司社会环境发展的信用期权额度所耗费的全部成本以及银行的信用分析培训支出令不少利益相关人质疑银行最终是否能够从社会环境风险评估中获益。在对一些公司进行分析之后，银行专家得出结论认为有社会环境问题的公司也很可能存在财务问题（《可持续发展报告》，2005 ~ 2006）。该银行在拉丁美洲的社会环境风险部经理克里斯托弗·威尔斯（Christopher Wells）解释说，避免给低效益的公司提供贷款，甚至在必要的时候拒绝它们，这样好过银行在贷款时不考虑环境问题（Schneider, 2009）。这样做的好处会部分影响到银行的贷款损失率，使其显著低于市场平均水平。例如 2007 年 12 月，ABN AMRO Real 的贷款损失率为 2.8%，而市场平均水平是 4.3%（《可持续发展报告》，2007）。除此之外，银行还能够提高自己的品牌吸引力，从而最终获得更多有共同价值和原则的客户。

银行并不吝惜对企业客户的支持，还对那些处于金字塔底端的企业施以援手。安信永国际（Accion International）是一个在微型金融方面经验颇丰的非政府组织，2002 年 ABN AMRO Real 与其一道创办了一家名为"真信"（Real Microcredito）的合资企业。早在巴西政府开始投资于微型信贷激励政策之前，早在穆罕默德·尤努斯获得诺贝尔和平奖之前，该公司就已经建立（《可持续发展报告》，

2005～2006：55）。微型贷款（为穷人提供的小额贷款）通过为生产活动融资来帮助低收入人群增收从而刺激经济增长。银行的第一个微贷计划实施于赫里奥波里斯（Heliopolis）贫民区——圣保罗最大的低收入群体所在地（Metaonginfo，2002）。需要贷款的人不必亲自到银行就能获得贷款。十个代表被派驻到贫民区以接洽有兴趣贷款的人们，而许多其他的志愿者们也为这个计划的成功贡献力量。久而久之，微贷客户的数量也增加了，从2002年的85个客户增长到2007年的53 421个（《可持续发展报告》，2002～2003，2007）。

ABN AMRO Real持续而透明地将企业社会责任贯彻于所有业务中，很快为其赢得了股东们的信任。国际金融公司就是对银行的社会承诺留有印象的对象之一。2004年，ABN AMRO Real拿出5 100万雷亚尔（约合2 160万美元）来进行可持续发展投资——少有金融机构能在这方面有如此手笔（国际金融公司《可持续发展报告》，2004）。有了这笔资金，银行就能扩大可持续发展业务组合的影响。这也是首次有银行出资完全由自己进行社会环境风险分析——这项工作一般是由国际金融公司来完成的。

分享最好的实践经验就能事半功倍

随着时间的推移，其他的企业也不会再忽视这样一个事实，那就是要维持市场竞争力，就要实现社会目标。然而对许多企业来说，实现社会目标的工作还停留在发现新的可持续发展方法来提高社会环境效益这个层面上。ABN AMRO Real却知道，与利益相关人合作并且分享最好的实践经验会有所助益。ABN AMRO Real不仅仅是他人的支持者，它还明白，虽然单靠自己能做成许多事情，但是与客户一起努力能够达成更多目标，还能事半功倍地作出真正的转变。所以银行采用了"Real可持续发展实践"——一项为公众，特别是为企业所设计的计划，支持它们以经济的、创新的方式重新考量或重新设计商业流程，同时在企业社会责任下整合财务成果。企业的得益不仅是能够同已经将可持续发展成功融合进自身业务活动的龙头金融机构共享最好的实践经验，还可以与其他参与者一起交流经验。

"Real 可持续发展实践"计划为公众召开会议，增进关于可持续发展话题的影响和讨论。有的会议是特别召开供公众向世界各地的知名专家提问并了解观点的。曾经与会的业界领袖中就有《彷徨的资本主义》的作者斯图尔特·L. 哈特（Stuart L. Hart）以及巴西经济学家、《明日的价值》的作者爱德华多·贾内蒂（Eduardo Gianetti）。ABN AMRO Real 曾经扩充部门来培训员工，对所有有兴趣获知可持续发展的人们提供免费的介绍讲座。对于那些无法亲自到场的人们，ABN AMRO Real 会使用视频会话和网络课程将其最好的实践经验传达给更广泛的受众。为了进一步增加利害关系人的参与度并保持实践经验的生动，银行成立了一个由代表各自领域的领袖组成的委员会，比如谷歌公司驻巴西总经理亚历山大·霍哈根（Alexandre Hohagen）。

上面的例子展示了 ABN AMRO Real 在鼓励利益相关人一起参与来建立一个更加可持续发展世界这条道路上有更大的飞跃。银行也以大致相同的方式鼓励其他人参与来扩大影响。ABN AMRO Real 还因此设立了"利益相关人实践活动"，引导企业协助它们发展创办活动以助于他人参与。在引导结束后，银行会提供一份检查表让企业评判和反馈自己的管理活动以寻找更优的方式来加深利益相关人的参与。

银行还有一部分活动的主题是与其供应商分享最好的实践经验。例如银行开放了一个网络入口来进行沟通交流并培植与供应商的关系。一份叫做《伙伴的价值》的文件得以发布来促进最佳实践经验交流。另外，在所有供应合同中，ABN AMRO Real 约定特别禁止诸如歧视、雇用童工和奴役等任何有违企业原则的活动和业务。

今日着手，虑在明日

ABN AMRO Real 已经作出了卓著的努力来提高社会环境效益。

同时，完全或部分投入可持续发展的员工人数也在与日俱增，2007年达到了407人，大部分从事的是微型信贷开拓工作（《可持续发展报告》，2007：94）。但是前路漫漫。银行管理者知道，来自高层的强有力的领导是不够的。为了所倡议活动的持久性、为了银行在这条路上走得更远，其中的关键在于建立和培训覆盖各个部门的有效领导层；这些领导者能够在未来掌握可持续发展，不只是在公司内部，还要超越银行的界限。考虑到这一点，银行在2007年发起了"可持续发展领导力"计划，该计划旨在扩张银行的产品和服务线从而刺激新的可持续发展业务的创新。最初有2 200位管理者参加培训，但是银行后来又扩大计划范围，纳入了另外130位像公司交流部这样的其他功能领域的领导者（Jornada Real，2007）。为了成功完成这项计划，领导者们运用自己相关领域的知识并主动寻求未来的解决方法以助于他们在加强金融和社会环境效益的道路上取得长足的发展。

对ABN AMRO Real而言，领导力也意味着对未来趋势的预测以及创造目前的需求。由于2007年其可持续发展的金融产品从21 700万雷亚尔增加到82 500万雷亚尔（约合12 200万美元和46 500万美元）——总量增长了约280%——银行预计对可持续发展产品的需求很可能在来年上涨。同时，巴西中学以上的教育正由于高学费而遭遇高失学率。有句谚语说"每个社会问题都是伪装起来的商机"，ABN AMRO Real就将失学问题视为挖掘新市场、创造新的可持续发展产品的机遇（Cooperrider，2008：1）。银行与国际金融公司一道发行了5 000万雷亚尔（约合2 100万美元）的学生贷款便利，学生可由此借钱进入一所合作的大学学习并在毕业后还款（IFC，2008）。考虑到巴西对大学毕业生有很高的需求，这项活动的前景是非常被看好的。根据国际金融公司健康与教育主任盖伊·埃莱纳（Guy El-lena）所述，这是首次有巴西的大型银行专门开发产品来援助大学生，同时也开拓了完全不同的市场领域（IFC，2008）。

这个想法不仅帮助了大学生，教育未来的一代人并提高他们的可持续发展意识也是使命之一。出于相同的原因，ABN AMRO Real

为 5~12 岁的孩子创建了一个名为"在线播放"的娱乐网站。该网站的目的是激发儿童学习掌握互联网使用的兴趣，以助于他们学习和提高可持续发展意识。

人迹寥落的道路通向全然不同的前途

回望走过的路途，ABN AMRO Real 的新商业模式（见表 2 – 1）被证明是成功的。如下表所示，银行的净收入和资产在 2002~2007 年稳步增加。与 2002 年相比，净收入增加了近 80%，达到 167 700 美元。1998 年以来，银行在培训、技术和业务流程再造方面的投资加上与日俱增的客户数量使它的效益有显著提高。银行的效率指数从 2002 年的 68.3% 降到了 2007 年的 49.2%。

表 2 – 1   ABN AMRO Real 的新业务模式

年份	2002	2003	2004	2005	2006	2007
净收入（百万美元）	341	392	467	616	958	1 677
总资产（百万美元）	10 431	19 090	23 184	32 455	56 503	89 931
效率指数（%）	63.8	58.1	60.0	57.3	50.9	49.2

来源：摘自《ABN AMRO Real 社会可持续发展报告，2007》。所有美元/雷亚尔兑换的汇率均为当年 12 月 31 日汇率。

2007 年银行的调查显示 74% 的客户为"满意"，包括了 36% "完全满意"的客户（ABN AMRO Real 网站，2008）。员工数量增加到将近 27 000 人，而他们在 2005~2007 年的满意度水平据估计大大超过了 90%（ABN AMRO Real 网站，2008）。2006 年银行在最理想工作机构的名单上排名第 11，2008 年则排名第 6（Great Place to Work for Website，2008）。银行也因其努力得到了公众的认可。2006 年一年，银行就获得了总计 49 个奖项，其中包括美国商会颁发的 2006 年环保大奖（ABN AMRO Real 网站，2008）。

　　某些因素促使银行成功。在整合新业务模式的背后是来自于银行高管的强大的领导力。这些领导者中就有巴博萨先生和平托女士，他们有意愿、有能力使企业社会责任在企业中扎根并置其于所有业务的核心地位。巴博萨先生受到公众的敬重，因其承担的社会责任而被视作楷模。

成功的因素：
- 高层强有力的领导
- 分享最好的实践经验以扩大影响
- 呼吁大家参与以提升可持续发展产品组合
- 进行可持续发展教育以确保银行的愿景在整个机构范围内实现

　　另外，通过分享最好的实践经验令别人从其学习过程中受益，银行还可以加速采用更多其他人的可持续发展经验——催化作用扩大了银行的影响力。银行有能力吸引他人与之一同走上可持续发展之路并致力于提高社会环境效益，这同时也有益于银行自身的成功。

　　银行同时也面临着一些挑战。因为最好的实践经验是与外部共享的，而众多竞争者也在不断采取更多的可持续发展活动，大家都担心银行会失去作为可持续发展市场领导者的主导地位。还有，开展众多各异的活动，难点是如何追踪活动流程以及如何评估其长期影响。

　　2007年，桑坦德集团（Santander Group）兼并了 ABN AMRO Real，使之成为巴西第四大银行。随之而来的其他并购也成为巴西金融业合并浪潮的一部分：伊塔乌银行与 Unibanco 合并成为巴西和拉丁美洲最大的银行，巴西银行（Banco do Brazil）收购了诺萨储蓄银行（Nossa Caixa）（《拉丁美洲先驱论坛报》，Herald Tribune，2009）。竞争依然激烈，挑战就在于这些银行如何强化自己的品牌差异度来保住领导地位。巴博萨先生——现在巴西桑坦德集团的总裁——再一次面临着整合两家机构的挑战。许多人都好奇这样的整合将如何实现，而最重要的是，可持续发展是否仍是其全部业务的核心。如巴博萨先生所预见的，路有很多条，每一条都指向不同的方向，但说到底，正途是很明确的。走这条路意味着选择与众不同的前途。尽管如此，这条路还是能够彻底改变未来。

可学之处：

- 教育并培养未来能掌控可持续发展的领导者
- 预见未来的趋势，使之成为当下的需求
- 吸引员工参与完善可持续发展的创新途径
- 与利益相关者分享最好的实践经验以扩大影响力

参考文献

［1］ ABN AMRO Real Website, 2008 ［2008 - 12 - 09］. http：// www. bancoreal. com. br/sustentabilidade/? clique = Geral/Frame _ Superior/Menu _ Institucional/Sustentabilidade.

［2］ Barbosa, F. Integrating Sustainable Development Into the Bank's Business. Presentation Would Business Award, 2006 ［2008 - 12 - 10］. http：// www. iccwbo. org/WBA/id7029/index. html.

［3］ Bovespa Corporate Social Sustainability Index. 2010 ［2010 - 10 - 10］. http：//www. ifc. org/ifcext/media. nsf/Content/IFC _ Launches _ Brazils _ Sustainability _ Index.

［4］ Cooperrider, D. Sustainable Innovation. BizEd. July/August, 2008.

［5］ Equator Principles Website, 2008 ［2008 - 12 - 11］. http：// www. equator - principles. com/principles. shtml.

［6］ FNV Company Monitor. Banco Real / ABN AMRO Brazil, 2006 ［2008 - 12 - 11］. http：//www. redpuentes. org/pais/holanda/centro - de - documentos/company - monitor - abn - amro - brazil - summary.

［7］ Frost, R. The Road Not Taken: A Selection of Robert Frost's Poem. 2nd ed. New York: Holt Paperbacks, 2002.

［8］ Great Place to Work for Institution. Greatest Place to Work inBrazil. 2008 ［2008 － 12 － 09］. http：//www. greatplacetowork. de/best/list － br － 2008. htm.

［9］ Hart, S. Capitalism at the Crossroad. 2nd ed. Pennsylvania, PA: Wharton School Publishing, 2007.

［10］ IFC. IFC Partners with Real to Set up Innovative Student Loan Program in-Brazil. 2008 ［2008 － 12 － 14］. http：//www. ifc. org/ifcext/media. nsf/content/SelectedPressRelease? OpenDocument&UNID = 00F30D69DB8D7AE285257404006A0DB1.

［11］ IFC Press Release. IFC and FT Announce Sustainable Banking Awards Winners. 2008 ［2008 － 12 － 10］. http：//www. ifc. org/ifcext/media. nsf/Content/IFC _ FT _ Awards _ June08 ［accessed December 10, 2008］.

［12］ IFC Sustainable Report. 2004 ［2008 － 12 － 10］. http：//www. ifc. org/ifcext/sustainability. nsf/Content/Publication _ Report _ sustainability 2004.

［13］ Jornada Real. 2007 ［2009 － 03 － 26］. http：//www. relatoriodesustentabilidade. com/jornada _ real/index. php? ano = 2007.

［14］ Latin American Herald Tribune. 5 Largest Banks hold 65. 72% of Brazil's Assets. 2009 ［2009 － 01 － 06］. http：//www. laht. com/article. asp? ArticleId = 324759&CategoryId = 14090b.

［15］ Mansur, A. A empresa verde e um caminho sem volta. Entrevista Fabio Barbosa. Revista EPOCA: Sao Paulo, Brazil, 2008 ［2008 － 12 － 14］. http：//revistaepoca. globo. com/Revista/Epoca/0, EMI6303 － 15295, 00 － FABIO + BARBOSA + A + EMPRESA + VERDE + E + UM + CAMINHO + SEM + VOLTA. html.

［16］ Metaonginfo. Banco Real ABN AMRO Bank lanca microcredito para moradores de favela. 2008 ［2008 － 12 － 14］. http：//www. newventures. org/? fuseaction = content&IDdocumento = 250.

［17］ Portal Exame. Um banco e seus principios. 2006. http：//portalexame. abril. com. br/static/aberto/gbcc/edicoes _ 2006/m0117609. html.

［18］ Schneider, Ivan. Lessons from Brazil: How to Incorporate Environmental and Social Factors into Lending. EcoTech. 2009 ［2009 － 03 － 26］. http：//www. ecotech. financetech. com/blog/archives/2009/03/lessons _ from _ br. html.

［19］ Sustainability Reports. ABN AMRO Real Website, 2002 ～ 2003; 2003 ～ 2004; 2004 ～ 2005; 2005 ～ 2006; 2007 ［2008 － 12 － 14］. http：//www. bancoreal. com. br/sustentabilidade/? clique = Geral/Frame _ Superior/Menu _ Institucional/Sustentabilidade.

［20］World Resources Institute. Rising Ventures. New Ventures，March 2006 – July 2006 ［2008 – 12 – 09］. http：//www. newventures. org/? fuseaction = content&IDdocumento = 250.

第三章　Banca Popolare Etica

安东尼诺·瓦卡罗

导语

　　本章是关于另一个意大利的故事。这是众人所不知的意大利，与传闻和媒体宣传相去甚远，那些东西必然会影响我们对事实的认知。这是关于一群人的故事，他们日复一日默默工作只为追寻更美好的世界，所赖的信念即社会正义和公共利益。这是关于一家意大利合营银行 Banca Etica 的故事，这群人首先将有德行的银行这个梦想转变为现实。这是关于一个成功银行的故事，它以道德为重，尊重环境、团结一致、进行负责任的投资，同时还保持着持续稳定的积极财务业绩。本章向致力于 Banca Etica 的创立与发展的人们致敬，也向每一位在此前后悉心给予"以人为本"的经济和商业以理解的人们致敬。

银行简史

　　Banca Etica 就是传统社会企业家精神的最新成果，这种精神刻画了中世纪以来意大利的社会经济体系和文化。大约在 20 世纪 70 年代晚期出现了 Societa MAG（自律互助社）来（从财务方面或有时从经营方面）支助社会项目。

　　1994 年 12 月，MAG 运动和 21 家非营利组织建立了 "Banca Eti-ca 联盟"（Associazione Verso la Banca Etica），后来在 1995 年 6 月成为合作社。三年后，即 1998 年 12 月，新的联盟攒下了创办正式的

合营银行（banca popolare）所需的 650 万欧元，它立刻得到了意大利央行（Banca d' Italia）的承认。以开发并商业化可持续的、具有社会责任的金融产品作为主要战略目标的机构在官方注册成为一家银行，这在意大利历史上是头一遭。

1999 年 3 月 8 日 Banca Popolare Etica 在帕多尔开设了首家办事处。这只是一个开端，后来该银行不断扩张至遍布全国。到 1999 年底，它就在布雷西亚和意大利最重要的金融中心米兰设立了办事处。

一年之后，2000 年 12 月，Banca Popolare Etica 完成了两项重要目标：首先是正式建立了 Etica Sgr，这家资产公司的职责是开发、销售金融产品以实现道德上的责任和 Banca Popolare Etica 的价值；其次是设立了罗马分行。在其后的三年间，Banca Etica 又分别在威尼斯、佛罗伦萨、特雷维索和博洛尼亚开设了四家分行并成为集团的组成部分，这为履行道德义务奠定基础。

2005 年，趁着意大利成为欧盟成员国的机遇，Banca Etica 开始了地理上的扩张。它先是与两家合作社（法国的 la Nef, cooperative de finances solidaires 和西班牙的 Fiare）开展了一系列项目计划。这些跨国合作帮助银行提高了国际知名度并建立了与其核心业务相关的协作，尤其是促成了与国际非营利组织在微型贷款和金融支持方面的合作计划。直至 2008 年，Banca Etica 在都灵和意大利南部的巴里、巴勒莫又开设了几家分行。

2009 年，Banca Etica 拥有 12 家分行和一个非常活跃的金融营销团队，该团队不仅在意大利境内销售金融产品，同时也积极促进发展一种负责任的投资文化。Banca Etica 现有客户数量为 32 227 家，其中 4 772 家为公司客户。其资本为 2 570 万欧元，目前管理着约 6 亿欧元的存款。Banca Etica 是由三家组织构成的机构：Banca Popolare Etica、Etica Sgr 以及 Fondazione Culturale Responsibilita Etica。Etica Sgr 是一家资产管理公司，提供三种主要服务。一是管理着道德投资基金，二是与其他资产管理公司互动来完善其道德标准，三是为有兴趣了解道德金融的公司和金融机构提供咨询服务。Fondazione Culturale Responsibilita Etica 是一家基金会，它的作用是促进与商业道德、企业社会责任和环境问题相关的研究与活动发布。Banca Popolare Etica 则是管理客户关系的主体。

什么使 Banca Etica 如此与众不同？是价值观还是使命？

在研究 Banca Etica 如何将有德行的银行的想法付诸实施之前，我们来简要讨论一下它的价值和使命，这是管理者、员工与合作方每日进行决策、开展活动、制定战略计划的支柱与参考标准。

链接 3–1 的五条章程是 Banca Etica 发布的价值宣言。第一条关乎金融业务的经济后果：银行开展金融业务要考虑到所有可能的后果，不论是经济上的还是非经济的。换句话说，根据 Banca Etica 的说法，决策流程必须考虑到其业务的后果，包括诸如污染或损害人类健康这样的外部影响。

第二条是关于信用、效率和节制的。Banca Etica 采取非常坚决且独到的立场，主张"信用是人权，不论其形式"。与"传统的"银行相比，该主张摆明了 Banca Etica 服务的精髓。当信用被视作一项个人权利，传统的授信过程就失之于麻木。对 Banca Etica 而言，这些权利和程序体现为一种逻辑，这种逻辑以为公民社会提供服务为核心，特别是为更处劣势的成员提供服务。它主张道德责任不单要有效地、还要有节制地加以履行，后一条价值理念通常为"一般的"银行所不解。

第三条阐述了公共利益和广泛的正义在促进利益共享方面的重要性。特别是，价值宣言强调利益分配要在"保证利益创造的条件下在所有人之间进行"，这使得 Banca Etica 比"传统"银行又更先进了一步，"传统"银行的利益分配基于两条主要的标准：股份所有权和层级地位。

第四条是透明度，这是有德行的银行所有业务中最重要、最基础的因素。

第五条章程说的是利益相关人参与的重要性：应该鼓励股东和客户参与银行的决策流程。也就是说 Banca Etica 视所有利益相关人的道德预期为其决策流程的重要因素。该价值宣言的实施有赖于非常细致精准的利益相关人参与流程，如下所示。

链接 3－1　Banca Etica 的价值

● 以道德为导向的金融对其业务的所有后果（不论是经济上的还是非经济的）都保持敏感。

● 信用是人权，不论其形式；效率和节制是道德义务的组成部分。

● 与所有权相关的利益以及转变为货币形式的利益应该受公共利益原则的控制并在保证创造利益的情况下在每个人之间公平分配。

● 所有经营活动的透明度是任何具备职业操守的金融机构业务的基本要求。

● 不仅是股东，客户也应该受到鼓励来参与银行决策。

（由作者翻译自 Bilancio Sociale，2008：30）

链接 3－2 是 Banca Etica 使命的五个组成部分。我们特别关注一下其中的三条。

第一条，Banca Etica 的使命是为公民社会提供全新的、与众不同的服务，这种服务的主要特点包括透明、一致和分享。银行的使命强调的是一种经济理念，就是将环境和社会评估置于其决策考量中、将文化影响的重要性置于其业务中。

第二条，Banca Etica 的使命强调与贷款人关系中的前瞻性——例如鼓励贷款人发展——并且保证提供的不再是传统观念上精打细算的服务，看重其他诸如节制、尊重个人需要等重要的道德品质。

第三条，Banca Etica 的使命是尽力满足第三产业机构，特别是创造"社会价值"的那些机构的信贷需求。这一点清楚凸显了 Banca Etica 在意大利社会经济体系中不同寻常的地位。

链接 3 - 2　Banca Etica 的使命

● 开辟全新的银行业理念，囊括进透明、一致和分享这三个特点，从而将银行变为促进理想经济模式发展的文化工具，该模式在管理决策时会虑及基本的环境和社会评估。

● 鼓励贷款人增强能力和功能，在经济、社会、环境层面上自觉承担责任。

● 保护投资者，精确有效地管理他们的钱，注意有节制的资源利用和利益分配。

● 致力于满足个人需求、保护环境和实现地域差异化以提高生活品质。

● 尽量满足第三产业中那些努力创造"社会价值"的公司、劳动者和工程计划的信贷需求。

（由作者翻译自 Bilancio Sociale，2008：30）

五维差异

我们至少可以从五个方面清楚地描述 Banca Etica 的业务。这五个方面说明银行在日复一日的业务活动中践行其价值和使命。第一是银行注意到其提供给客户的金融产品和服务的安排问题。第二是在获得信贷时受垂青的机构和工程的类型。第三是对于透明度和利益相关人管理的投入。第四个关注点是环境的可持续发展和绿色管理。第五是以人为本。

有道德特色的产品和服务。Banca Etica 采用两阶段评估标准来分析其他机构的道德操守。银行以这些标准来挑选可作商业用途的产品和服务（股票、衍生品等）。

在第一阶段，银行先做"负面筛选"①：审查企业目标是否在十项不可容忍的不道德行为之列。这些行为指的是武器制造、动物实验、转基因动植物的养殖和种植、以核技术进行的能源生产、香烟和其他烟草产品制造、皮草制造销售、破坏母乳国际销售禁止公约的行为、灭绝受保护地区树种和植物生长的行为、经营赌博活动以及农药制造。评估流程的第二阶段是正负面因素的对比，对比是基于具有 50 个维度的框架，从三个主要方面考察企业的行为：环境、管理和社会。

除了两阶段评估框架，Banca Etica 还持续关注客户与合作伙伴的财务活动，在某些情况下银行会采取特别行动来防范不道德的行为。例如 2009 年，由备受争议的西尔维奥·贝卢斯科尼领导的意大利政府出台一项新的法律（Decreto Legge numere 78，1 Luglio 2009）允许重新引进纾困资本。Banca Etica 却置新法于不顾，拒绝了任何来源不明的国外资本，因为新的法律被众人，尤其是被 Banca Etica 董事会视作败德。

信贷渠道。Banca Etica 注重对第三产业机构的贷款。它对四个关键领域放开了信贷特权。第一个领域以致力于健康、教育和社会融合的机构为代表，第二个领域是环境工程和历史遗迹保护，第三个领域是国际合作、公平贸易和商业团结，第四个领域关注的是提高生活、体育和文化水平的活动。在四个主要领域之外，对支持有机农业和绿色电力工程的机构和小企业，或是能够为公民社会提供优质服务的专业人士，Banca Etica 也开始保证满足其信贷需求。Banca Etica 也对个人提供贷款，但只针对有某些特殊需求的人们。比如，银行授信给需要资金来规划和重建住宅的残疾人，或是授信给那些有兴趣组装绿色发电设备以供家庭使用的人们。

----

① "负面筛选"指的是判别不道德的业务/行为，比如色情和烟草。相反，"正面筛选"是辨别公司行为对群体的积极影响。关于道德筛选，更详细的信息请参阅 S. Fowler and C. Hope. A Critical Review of Sustainable Business Indices and their Impact. Journal of Business Ethics，2007，76（3）：243 – 252.

　　透明化和利益相关人参与。Banca Etica 有非常特别的制度来保持企业的高透明度和有效的利益相关人参与。透明化是由多渠道实现的。例如年度财务报表中就加入了"社会报表"（Bilancio Sociale），这是一份极其准确细致的文件，提供了银行活动及其对公民社会影响方面的信息（见链接3－3）。社会资产负债表详述了借贷规则和员工的工作环境。银行也为利益相关人和对其网站感兴趣的人们提供不断更新的详细信息。所有的正式文件，像与其他机构签署的协议、资产负债表和社会报表都能够在网页上获取，银行也会回应个人对活动、产品及服务的信息需求。金融产品推介人为响应有兴趣的利益相关人的询问，会积极提供关于银行及其交易的细节。面对面的交流被看作是沟通和互动的重要且唯一的方式。最后，Banca Etica 不惜力气地在当地和全国媒体上宣传其业务活动，不断公告其建设公民社会的进展。这种多渠道的方法得到了银行利益相关人多层次参与方式的配合。银行邀请投资者和客户在不同程度上参与银行的决策。举个例子，客户可以选择他们存在银行账户中的钱的投资方向（比如绿色工程、微型信贷等）。同样地，Banca Etica 靠委员会和工作小组来搜集和分析客户和其他关注银行业务的利益相关人的看法和期望。这些调查的结果会在近期的年会上用于制定关乎银行未来的重要战略决策。

链接3－3　社会报表（Bilancio Sociale）

　　社会报表是 Banca Popolare Etica 每年发布一份的正式文件，在传统的资产负债表中整合、披露信息。这份文件可以在公司网站上查阅或者以纸质形式获取。它提供了关于 Banca Etica 集团的详细信息，尤其在金融和社会活动方面。虽然为了满足利益相关人对信息的要求，报告的结构和内容每年都在变化，但一般还是分为六个部分：社会和经济环境、公司的历史及特点、财务成果、社会成果、由集团内其他机构主导的活动以及关于董事会和委员会的附加信息。最丰富详尽的是关于社会成果的第四部分。该部分分为八个次级章节，分别是关于下列问题的：利益相关人身份及会话、与股东以及其他资金支持者的关系、客户关系、与员工的关系（员工被视作搭档）、与供应商的关系、与其他金融机构的关系、与当地社区一起开展的活动以及最后的绿色工程和环境保护。

绿色管理。Banca Etica 以非常特别的方式关注着环境问题。先是位于帕多尔的总部制定如下绿色原则：低环境影响并利用自然资源（例如用光伏电板进行太阳能发电）。然后是 Banca Etica 着力对绿色工程发放数量可观的贷款。2007 ~ 2008 年，银行贷出超过 1 000 万欧元来建立绿色能源工程。另外，Banca Etica 还参与了一些意在提升家庭环保行为的开发和研究计划。举例来说，Banca Etica 是"家庭节能行动"的成员，这是由欧盟赞助的一个多国计划，该计划已经探索出了新方法来降低电力、燃气和水的消费量。

以人为本、尊重个人。Banca Etica 在处理以人为本和尊重个人的问题上颇为用心。这件头等大事在年度社会报告和数个内部的、正式的文件中都得到强调。我们看到一些政策和举措是以高层管理来践行这件首要之事的。比如银行安排灵活的工作时间来配合它的员工。员工可以临时或全职工作，还可根据不同的时间表来安排工作（比如银行允许员工提早开始工作并早退）。Banca Etica 实行 SA8000 认证，确保对基本劳动权利的尊重并在银行内部和整个供应链上坚持实行优良的健康和安全标准。银行有推行节约原则的明确政策，限制差旅中的住宿和生活费用以及办公用品等项的支出。薪酬是极其重要的部分：银行业薪酬差距大是出了名的。在某些"传统的"银行，高管的报酬比低薪雇员的薪水高至少 1 000 倍。比如摩根大通的 CEO 杰米·戴蒙（Jamie Dimon）2009 年拿到的股票红利就有将近 1 600 万美元。① Banca Etica 在最高和最低工资间设限，高低之间最多相差六倍。这个比率是相当低的，即使是与其他工资差距为七倍的有德行的银行相比也是如此。

有德行又能赚钱的银行：当然是可能的

Banca Etica 的财务指标分析表明有德行的银行与能赚钱的银行是可兼容的。表 3 - 1 是 2004 ~ 2008 年与银行业务相关的五项指标。所有的指标都表现出财务业绩的良好状况；Banca Etica 也平稳渡过金融危机并保持了正的息税前利润和净收入。有四点是值得特别提出的。第一，在这五年内，Banca Etica 保持资产增长至两倍于初始价值。第二，Banca Etica 维持着高而稳定的资产负债比，资产负债比是表示资金增长和负债业务间是否充分匹配的指标。第三，2005 ~ 2007 年息税前利润是增长的，但是因为经济危机，2008 年的息税前利润回落到了 2006 年的水平。第四，也是最重要的一点，Banca Etica 的年净收入始终为正，而且在 2004 ~ 2008 年增长了约 12 倍。

表 3 - 1　　　　　　　　　主要财务指标　　　　　　　单位：欧元

	2004 年	2005 年	2006 年	2007 年	2008 年
资产	348 395 750	412 996 970	452 828 290	525 639 078	611 995 091
负债	326 212 780	393 794 306	431 459 043	500 406 315	585 790 787
资产负债比（%）	94	95	95	95	96
EBIT	—	1 445 801	2 551 553	6 100 335	2 370 284
期内净收入	110 092	305 089	1 261 754	3 352 631	1 269 947

资料来源：Catarina Sales. Humanism Practices in Modern Business——The Case of Banca Etica, Msc. Thesis, Lisbon, 2009.

———————————

① 关于高管薪酬扭曲的一个相当有意思的讨论可以参看 R. Rajan and L. Zingales. Saving Capitalism from the Capitalists. Crown Business, 2003. http：//www.huffingtonpost.com/2010/02/05jpmorgan - ceo - jamie - dimon _ n _ 450455. html.

真就高枕无忧了？Banca Etica 的困难和挑战

　　尽管 Banca Etica 确实是有德行的银行的典范，它仍对有关的业务及其在公民社会中的角色做了设想。笔者想简单提一下其中的三点，这是基于笔者对这家金融机构最艰巨和最引人关注之处的理解。

　　问题首先是道德和不道德行为的判别。意大利正在经历人口构成上的巨变，这是由来自非洲和远东、中东地区密集的人口迁移造成的。换句话说，意大利文化、宗教和道德上的异构程度在增加。此外，技术创新和社会变革带来的新挑战和新问题正分化着公众的观念，反之又加大了公众对于道德观念和道德期望的差异。后果就是，在未来 Banca Etica 将会面临如何正确判别道德与不道德行为间的临界点从而解决道德观念和公民社会中越来越严重的异构问题。比如现今 Banca Etica 认为运用核技术的能源生产是不道德的行为，该观点被英国特里多斯（Triodos）银行这样具有职业操守的银行所认可。但是众多专家和一部分普通民众却认为在未来核技术是清洁而可持续的能源资源。这种 Banca Etica 与其利益相关人之间或者是与其部分利益相关人之间对于业务、产品和服务道德性质问题的认识偏差会对该机构当前和未来的发展造成严重威胁。

　　Banca Etica 业务的第二个难点是内部管理流程和道德要求、道德水平的设置过程。本研究表明 Banca Etica 对其所有业务在道德上的筛选都极其小心。举个例子，前面也已经提到，对其他业务道德标准的检验遵循两阶段流程，该流程由超过 50 个维度的检测组成。同样地，销售培训是长期且细致的培训过程。一旦银行想要在客户数量上、产品/服务上或者是地域上扩大业务规模，这个拘于小节的做法就会有损繁复业务的可持续性。的确，复杂的流程不仅带来更高的成本，还会导致对市场需求反应迟缓、犯更多的错误。

　　第三个难点与该机构提供的产品/服务组合有关。目前 Banca Etica 还不能被视作"正常的银行"。它的产品和服务确实相当有限，而且不幸的是，大多数意大利民众难以享受到它的服务和产品，因为这家银行仅有的 12 家分行都只分布在几个大城市。这个困难可以从客户数量和总资产的数字上得到证实（2008 年客户数量为 32 227 家，总资产为 6 亿欧元），它的水平远低于其他一些具备职业操守的合营银行，比如不列颠特里多斯银行目前拥有 15.5 万家客户，资产超过 37 亿欧元；南非的 Al Baraka 在 2008 年末就有超过 4 万家客户和 63 亿美元的资产。这样看来，Banca Etica 还处在萌芽阶段，还需要继续开发业务模式、拓展提供给市场的服务/产品组合，而更为重要的事情是开疆拓土。也就是说，Banca Etica 要开发业务来提供可与"传统的"金融机构相媲美的、有竞争力的产品和服务。

结语

我们能从 Banca Etica 的事迹里学到什么呢？Banca Etica 又为全球社会提出了什么样的挑战？面对这些问题，要给出明确的答案并不容易。但我觉得还是可以总结出一些对管理者和政策制定者有益的、令有责任心的公民受用的结论。

从 Banca Etica 的例子中得出的第一点启示是，有德行的银行既要具有合理性又要具有财务上的可持续性。如何在金融界迅速有效地践行职业道德，Banca Etica 作出了表率。

第二点启示在于银行的管理模式。Banca Etica 是由分散的个体组成的集团来开发并为社会提供产品、服务。银行的重心不在于股东利益或者相异的、相矛盾的利益相关人期望的调和，它的重心在于为服务于公民社会的及有助于实现公共利益的个体创造一个社会网络。

第三点启示是对于社会企业在文化上和教育上的贡献。采取激进的市场营销技术、提供特定产品和服务的公司会影响社会文化，尤其是对年轻一代。Banca Etica 展现了另外一种影响社会文化的方式，它创造了一个论坛供人们交流、学习和互动。它为大家营造了一个空间来创造新颖的、以道德为基础的想法并利用银行的基础设施和渠道实践之。Banca Etica 给出了一个事实，站在承担责任的角度，经得起实用主义的考验，反击了那些"唯利是图"的、"急功近利"的公司制造的错觉和幻象。

我想简单回答一下开头提出的第二个问题，以此来结束本章。首先我相信 Banca Etica 是在挑战"传统的"银行。尽管力量仍然弱小，Banca Etica 已经实现了持续的成长并吸引了越来越多公民社会的支持。更多的客户认为 Banca Etica 的服务是极具价值的，客户们尤其赞赏它的价值观、使命和商业哲学。貌似"传统的"银行将不得不反思自己的业务，以一种更加清晰的思路、更加注重客户道德期望的方式经营。Banca Etica 在这方面作出了表率。

我们也可以断言 Banca Etica 给其他行业的公司带来了新的挑战（从某些观点来看，或者可以说是机会）。"公司是人的群落"，这个观点不新鲜，但是在社会上却鲜有有效践行这个理想的机构。所有行业的公司都可以采纳这个观点并以 Banca Etica 模式为参考。

在 Banca Etica 带来的挑战中，有一项是绝对值得我们关注的。它将我们视为公民社会的一员。我衷心相信像 Banca Popolare Etica 所做的创举应该得到人们力所能及的鼓励和支持。"少数勇敢者创造了社会"，意大利的一句古语如是说。但是没有来自众人的努力，社会也不可能前进。

第四章　Banca Prossima

亚历山德拉·达尔·科勒　马可·摩尔甘地

导语

2007 年 11 月，联合圣保罗银行（Intesa Sanpaolo）创立的 Banca Prossima①成为欧洲首家专门从事非营利业务的银行并为其成立注入了 8 000 万欧元的资本。联合圣保罗银行经营非营利业务的传统由来已久，在该领域拥有约 18% 的市场份额，而它觉得这一行已经演化到了需要专门金融媒介的时候了。

其时正是最糟糕的时候：国际金融一线阴云开始笼罩，而联合银行（Banca Intesa）和圣保罗 IMI 兼并重组后——两家机构合并成为联合圣保罗银行——随之而来的整合过程不仅仅是影响到日常经营这么简单。

撰写这个案例研究时，联合圣保罗银行已成为危机中的赢家，因为它在没有政府帮助的情况下成功地维持着机构运转。②Banca Prossima 也许可以被称作危机中真正的弄潮儿，它在如此艰难的环境下成立，又投身于一项重要的、古老的、颇费成本的、人力资本密集的业务——也就是贷款——就是为了一项历来对于改变极其保守、业务领域极其多样化、在金融资产和金融专业知识方面水平极其迥

---

① 在文章写作之时，Banca Prossima 由圣保罗联合银行 100% 所有。

② 关于 2009 年第三季度对 Intesa Sanpaolo 集团影响的细节请参看 http：//group. intesasanpaolo. com/portalIsir0/isInvestor/en _ risultati _ 2009/20091126 _ Resoconto _ Intermedio _ 9M _ en. pdf。

异、除了禁止利益分配之外基本上别无相似之处的事业。

到 2009 年 9 月，Banca Prossima 的业务范围遍及全国，这要感谢 220 多位专业员工，他们因自己的技能和非营利机构志愿者的个人经历而得到任用。Banca Prossima 依靠的是三家分行、作为专用银行家基地的 52 个金融交流会以及来自联合圣保罗银行遍布意大利的 6 000 多家分行的支持。

Banca Prossima 的使命表现为四项主要战略指导：

• 由特定的专业人员来推广为客户量身定做的产品和服务，以此提高目前接受服务的机构的客户满意度（并赢得新的客户）。

• 用一对一的方式讲解和传达非营利业务的必要性，利用一切可能内化主要特征。

• 成为一家银行——经营贷款而非捐款。

• 将一切来自于社会企业、政府、当地专家和地方性基金会的可能的关注和力量都吸引到利益相关人种类繁多的项目计划上去，这样对整个社会才更有影响力。

全力以赴地经营了不到两年时间，Prossima 已经开发出 2.5% 的潜在市场份额。到 2009 年 9 月末，Banca Prossima 的客户资产增长率与上年同期相比增长了约 95%，总数达到 4.85 亿欧元，其中 3.1 亿欧元是直接存款，贷款余额同比增长超过 150%。

由于初创阶段 Banca Prossima 并未实现收支平衡——加上当前的危机可能会改变今后的目标——所以尽管它的资产质量还算不错，但仍有 58% 的贷款都高于平均信用风险利率，而其中只有四笔贷款损失，占发放贷款总量的 0.29%。

Banca Prossima：银行业的社会革新

联合圣保罗银行集团的成立得益于 2006 年 12 月 1 日举行的特别股东会议，会议批准了联合银行与圣保罗 IMI 的合并。

到 2009 年 6 月末，联合圣保罗银行市值高于 360 亿欧元，拥有总资产超过 6 380 亿欧元，贷款余额超过 3 860 亿欧元，它的 6 175

家分行服务着约 1 100 万的国内客户，而它在中欧、东欧和地中海沿岸地区精挑细选的零售银行分理处为 850 万客户提供服务。

联合圣保罗银行的商业模式有赖于专业化和负责任的定位，表现在它的国内商业银行构成①包括 11 家针对特定地域目标的银行、2 家专营银行——其中一家就是 Banca Prossima——以及 8 家专门用作辅助性服务的其他金融机构。集团里的每家机构都有自己的股本和目标净资产回报率。

联合圣保罗银行集团历来惯于积极参与利益相关人的业务，比如集团中的一些银行原来就是储蓄银行或抵押贷款银行。这种机构兴起于 19 世纪早期（虽然许多机构在 15 世纪就已经诞生），业务涉及两个领域：贷款公司和慈善关怀，这些业务都是在本地社区内开展的。20 世纪 90 年代律法变革后②，储蓄银行和抵押贷款银行都经历了银行业务和慈善活动的分离。前一项业务分配给了储蓄银行和抵押贷款银行，这些银行因此转变为特别的参股公司——总而言之，私人商业公司就和银行一样受到民法典和银行业法律的约束——而后一项业务则落到了银行基金会的头上。如年度社会报告中所述，直至 2009 年 9 月，联合圣保罗银行的前五大股东都是银行基金会，而该机构历史——"回报社区"的文化传统也融入了联合圣保罗银行与社区的关系当中。

2003 年，联合银行成立了一个特殊的单位——银行与社会研究室——它的任务是在联合银行内部开发极具社会影响力的计划。银行与社会研究室由马可·摩尔甘地领导，他曾是意大利邮政（意大利政府邮政服务）社会与文化方面工程的负责人，而意大利邮政的职责是为个人和企业提供便捷的信贷渠道。研究室涉及的贷款业务有防范高利贷贷款、大学生贷款、移民企业家贷款、临时雇佣贷款以及给需要照顾残障老人的家庭提供的贷款；在慈善领域，银行与社会研究室参与了一些项目计划，像"托儿所项目"（见链接 4 -

① 其他部门是公共财政、公司和投资银行以及国际银行子公司。
② 尤其是第一和第二《欧洲指导》在信贷方面的实践关注建设的自由和银行业的去专业化。

1), "庇护所项目"（为失去双亲的智障人士提供庇护所）和人才基金（服务于宗教团体的不动产）。

链接 4 – 1　　潘协会（Consorzio PAN）——托儿所计划

需求　　　　在意大利，没有几个母亲出去工作，因为对家庭来说，缺乏负担得起的优质社会服务。

直观感受　　　这种需求是多层次的，具有全方位品质的服务必须是这样的：（1）有保障，能够说服母亲们不用照顾孩子以便于从事有报酬的工作；（2）负担得起，否则产生的机会成本不值得母亲们出去工作。服务的质量很难估量，但这是社会企业进入这行所需的唯一（无形）资产。

　　　　　　　有特殊技能的合伙人必须同意以专业技能参与合伙，以便有效地评估和帮助这类企业的创立。

解决方法　　　2004 年，潘在联合银行以及意大利其他三个主要合作机构间设立了一个非营利的联合会。潘的职责可以概括为为了孩子的成长而兼顾孩子和家长的权利，证明这种关怀服务作为普通社会服务的一部分，在经济上是可行的。

分工　　　• 社会企业向任一机构成员提出它的计划。
　　　　　　• 机构成员在活动初期协助社会企业，介绍它加入协会从而成为潘协会的一员。新的成员要承诺按照协会预先准备的服务品质指南来提供服务。

　　　　　　　联合银行（现在是 Banca Prossima 和圣保罗联合银行）为社会企业提供启动贷款和后续贷款，除了由机构成员负担的 5% 的保证金，企业无须再提供其他保证。

　　　　　　　圣保罗联合银行还对潘的客户贷款，使得客户能够在更长的时期内摊销照看孩子的成本。

成果	• 现在有超过 300 家托儿所照顾着 8 738 个宝宝。
	• 他们雇用了 2 000 多个员工。
	• 到 2009 年 6 月 30 日，圣保罗联合银行集团对潘协会托儿所的贷款余额达到 470 万欧元。

银行与社会研究室插手信贷受限企业的援助计划，从中我们得到两点认识。第一，这些企业的营业额和股东资产普遍规模很小，这通常跟利润分配禁止相关联。第二，对大型商业银行来说，不论在自己的业务领域里做得多出色，它们也很难满足这些企业的需求——这是由于它们的文化、职责和诉求——也是因为成本太高而无法提供服务，这些企业的融资需求并不一致。要变革就要有人作出奉献——如此，这些企业就不会是零售客户中的边缘客户，而如果整个计划要实现完全独立运作，就要扩大规模。

与此同时，2006 年 3 月 24 日意大利颁布的 155 号法令将"社会企业"定义为一切在特定的社会领域内追求社会目标而它的所有者不得以任何形式参与利益分配的机构。[1] 其中的重点是非营利，也就是"第三部门"[2]，对 1999 年普查数据的估计显示意大利的第三部门在企业、人口和营业额的数量上都跟英国的第三部门水平相似，居于欧洲之首：25 万家营业机构、创造了约 480 亿欧元的财政收入，425 万人的劳动力投入（雇员 75 万人和 350 万人的志愿者）。妇女（60%）和年轻人（40 岁以下的占到 65%）的参与度极高。除教育部门以外，第三部门拥有第三等级教育学历的人数占比最高。

此外，仅比较欧盟和意大利在福利服务的第四部门的支出（对残疾人、老年人、小孩的关怀和社会福利房），估计意大利的潜在增长可能达到 400 亿欧元。意大利特兰托大学受银行委托进行的一项研究指出："意大利在社会服务上的支出很可能会提高到欧洲整体平

---

① 在改革之前，以非营利形式设立的商业机构性质限于社会合作社，只能进行社会援助或对弱势劳动者的雇用。

② 文中"第三部门""非营利"和"社会企业"三者相等同。

均水平，因为考虑到意大利政府的财政状况，仅靠公款难以为继。今天，从社会合作社处购买社会服务的公民就已经选择放弃了政府提供的社会服务。就好像目前功能性的部分正在发挥效果，而且对服务的满意度还挺高。"

社会服务的战略中心应该就是无利益分配，这既是法律的要求，也是非营利的道德要求，它被认为是社会服务职业化而实现自由竞争的有效激励。① 所以为一个在市场深度和服务品质上都具有发展前景的行业提供特别的金融服务是有其意义的。而且，根据某些人的观点，非营利行业相比于其他成熟的服务业，更不容易陷入极度标准化②和过分专业化③的境地，因而更加强烈地吸引着客户并且在收入上具有更低的不稳定性。

OECD④ 将社会创新定义为"能够涉及概念、程序或生产的改变，组织的改变，金融活动的改变，能够处理好与利益相关人、与区域之间的新关系"。在这个定义下，Banca Prossima 致力于社会创新，以新方式服务于新的利益相关人（社会企业）——如下文所述的那样合作生产并共享价值、精力和利益——这为新的金融活动带来产品和组织上的改变。

---

① 关于劳动者在非营利状态下的内在动机，请参看 C. Borzaga and E. Tortia. Worker Motivations, Job Satisfaction, and Loyalty in Public and Nonprofit Social Services. Nonprofit and Voluntary Sector Quarterly 35, 2006 (2): 225 – 248。一般均衡结果请参见 E. L. Glaeser and A. Shleifer. Not – for – Profit Entrepreneurs. Journal of Public Economics, 2001 (81): 99 – 115。

② 营利和非营利企业技术过度的危险和消费者选择理论请参看 J. Green. Democratizing the Future: Towards a New Era of Creativity and Growth. 2007. http://www. design. philips. com/philips/shared/assets/Downloadablefile/democratizing – the – future – 14324. pdf。

③ 非营利企业服务消费者的不同方法请参看 V. Pesttoff and T. Brandsen (eds.), 合作生产请参看 The Third Sector and the Delivery of Public Service. London: Routledge, 2007。

④ OECD LEED 关于社会创新的论坛。http://www. oecd. org/document/53/0, 3343, en _2649 _34459 _39263221 _1 _1 _1 _1, 00. html.

信念、抉择和行动

　　Banca Prossima 不是企业承担社会责任的一种形式，它是服务于成长中的社会企业的一种可持续业务，这一点是很明确的。这个业务的中心基础就是前文简要分析的内容，论及此处，它也是基于社会企业有益于国内经济[①]和国际经济的信念。当业务被道德模式化而设立永恒的使命时，先对"道德"下定义就显得很有必要，因为还没有绝对和普遍被接受的定义说明专门的"道德"银行应该是怎样的。道德银行——1998 年以来意大利开展的一项"全民银行"活动[②]——它的目标是无差异的零售客户服务，以银行的道德操守审视自我，开展业务就是分毫不差地按照先下定义的方法，选择以自己定义的道德来作为判别的基础[③]。

　　专业化的抉择为 Banca Prossima 带来了更大的挑战，因为给"道德"下的定义对所有社会企业而言不仅仅是要有意义，还要得到它们的认同，以常识来打个比方就是要成为它们基因的一部分。

　　意大利的社会企业部门历史悠久且出身各不相同。为"公共利益"出力的社会企业来自于天主教会、工会、合作运动，而最近表现为诸如负责的消费者、环境专家、积极的老年人等公民社会形式；所有的参与者都为自己的历史而感到极其骄傲，在非营利业务上我行我素。虽然主体不同，但他们都认为做"有道德"的事情就是要不遗余力，不是做生意而是坚持捐赠、无条件地为最贫穷最困苦的人们服务、给予成员超过非成员的最大的好处、在广大群众中传播公共利益的权利和文化或者是做些别的什么事。

---

　　① 尽管说到 Banca Prossima 的未来，对社会企业作用和福利状况改革的实际讨论不是本章的重点，但是相关的文献随处可见，有兴趣的读者可以参看 EMES（欧洲研究网）提供的参考文献，详见 http：//www. emes. net/index. php？id＝47#1528。

　　② 见注释 15。

　　③ 请参看 http：//www. bancaetica. it/Lang/Content. ep3？LANG＝EN。也见该栏中 Banca Prossima Etica 案例。

　　而按自己的方式来定义"道德"的银行，就是以极端自负的姿态进入这个行业——这实际是传统银行营利的做法——这注定要失败，因为潜在的客户不会买账，而且这种做法也不具包容性。任何自以为是的定义，除了将银行置于摇摆的境地以外，还会使企业三重目标渐损其二：人（客户和员工）——可能因为精英主义而受到不公平的待遇——还有利润，自以为是的定义会导致目标市场狭隘。

　　随着信仰的提升，有的人认为要顺从于那些主要因为道德价值而存在的利益相关人：社会企业。一个有意思的例子是一句名言："社会企业之所向，金融机构必随之。"① Banca Prossima 本身并不是要变得"道德"，它是要跟它的客户一样得"道德"，对它的客户而言它是专一的。

　　《联合协议》的第 4 条写道：

　　"……公司的目的是创造社会价值，确保运营可持续性时时符合法律和健全谨慎的管理原则。有鉴于此，公司应该为最值得帮助的非营利机构融资，这些机构的宗旨是服务个人、传播文化和教育、亲近环境和艺术、保护环境和艺术、提供信贷渠道和就业机会。

　　公司应该与公共/私人团体合作，推行一些旨在通过可利用的人力资源、金融资源来促进公共利益的活动。

　　为了促进意大利社会经济的增长、理解并应对挑战，公司应该把自己当作非营利机构专业团队的代表而提出建议，为其业务的团结和发展作出指导……"

　　非营利的问题一成为焦点，意大利的监管当局就基本上开始反对银行自己成为非营利机构。而银行的对策之一是设立合营银行，该类银行的目标是"在最有利的条件下"参与服务并禁止利益分配，但它是地方性的，或者是权限宽泛但遵循一人一票制的"全民银行"② 机

---

① 参看 J. Robinson. The Rate of Interest and Other Essay. London：Macmillan。

② 根据意大利银行的数据，截至 2009 年 6 月底，在意大利的 800 家银行中有 245 家以参股公司的方式合作，其中 38 家是"banche popolari"，426 家是合营银行。相应的参股公司网点分布数量为 26 560 家（占银行网点总数的 78％），"banche popolari"为 3 020 家（占 9％），合营银行为 4 172 家（占 12％）。

构。作为大型银行集团子公司的机构很难符合法律对这两种模式的要求，因为大型银行集团要考虑到大规模的信贷市场。于是 Prossima 以参股银行的方式进行合并。

另外，Prossima 也坚信约束利益分配是愿意创造组织内部"公共利益"的良好表现，也是判别社会企业的关键因素。

而后 Banca Prossima 将自己定位为薄利模式的先锋，信奉按圣马丁的方式"公平地"分配利益。①《联合协议》第 28 条实际上就已经说明："账面上的净收益、净法定准备金以及其他在当时的适用法律下强制要求公司留出的准备金，都应该按如下方式进行分配：

（1）与银行投资资本成本相等的部分应该划入不可分配的法定准备金，这部分准备金要按照市场普遍采用的会计方法计量；

（2）根据股东大会的决议，属于股东的年净股利不应超过利润的 50%，净准备金的划拨按照（1）所述进行；

（3）所有留存收益应该留出作为团结和发展所需资金并且要特别分配给发展基金和社会企业。要引入风险和意外事件基金——根据下述的程序——用来补贴公司以低于市场的利率发放的团结和发展贷款，或者补贴公司对没有或仅有有限渠道获得传统信贷便利的个人进行的贷款……"

这种对未来责任的承担还不足以引起共鸣，Banca Prossima 以未来的收入作为抵押，又从圣保罗联合银行处获得了 1 000 万欧元的贷款以便于运营之初使用。实际上，除了在发展人力资源、量身定制合同以及信用评估程序考虑"公共利益"产出等这些方面作出的努力，给社会企业实实在在的贷款——社会企业可能规模很小、很稚

---

① 根据 Caxton 对《黄金传奇》的英文翻译，圣马丁是出生在康斯坦丁大帝统治期间的一名士兵。在一个冷得出奇的冬天，他恰好驻扎在亚眠市。穷人饱受摧残，许多人冻饿而死。有一天，圣马丁骑马经过城门，看到一个赤裸的乞丐在道旁瑟瑟发抖。他立刻勒马，怜悯地与其交谈。这位年轻的士兵在盔甲外穿了一件长斗篷，他褪下肩上的斗篷，用佩剑一分为二，将其中一半给了乞丐。当晚他睡觉时梦到耶稣穿着他送出的那一半斗篷，而耶稣对伴其左右的天使说："我的圣徒马丁在此。"这就是圣马丁被当作公平典范的原因。

嫩、面临着事业风险或者是不利的环境——也表明它不是来虚的。

到 2009 年 8 月末，已用基金 610 万欧元，占到基金的 61%，保证了 298 家客户的贷款，贷款余额总数超过 2 800 万欧元。按行业来划分，超过 21% 的基金用于保证社会援助贷款（老年人、儿童看护等），接下来的 20% 用于社会合作社。从地域上看，20% 的基金保证了意大利南部社会企业家的贷款，这类贷款被认为风险更大，因此更有可能遭遇信贷紧缩。

这个基金直接证明了 Banca Prossima 是增长的催化剂，因为它的宗旨是在社会企业行业内经营。其实这是个两极分化很大的行业：一些有年头的、确立了社会地位的企业在地方上有很高的知名度、稳定的现金流和大量员工；一些企业很年轻，企业家缺乏经验、资金紧张，起步于未知的行业或未开发的领域。通过对基金的运用，Banca Prossima 确实建立起了行业内的紧密关系：从成熟的社会企业那里赚的每一欧元中，50 分会归入基金，为新的社会企业构建保障。多亏 Banca Prossima 的经营和"薄利"的做法，就好像是令成熟的社会企业为新成员提供保障一样。

言行之间：个人作为联合创新者和技术人员

Banca Prossima 的主要战略难题是如何将对银行业务在监管上和技术上的严格要求与《联合协议》提出的创新相结合，与社会企业新的、不断变化的需求相结合。解决问题的唯一方法是靠银行的各位同仁，他们是"耐心资本"（patient capital）和"客户"之间日常真实的维系。这事说得轻巧，但职业路径甚至光是一项简单的任务都要受到劳动法、金融监管和集团政策的严格约束。

首先是人员遴选，除了拥有高超齐备的银行从业经验——从出纳服务到贷款业务再到资产管理——之外，还要与社会企业抱有相同的"文化观念"。Banca Prossima 根据一条创造性的原则在圣保罗联合银行的员工中选择自己的客户经理：拥有非营利机构志愿者的个人经历。因为热情和技术经验之间没有冲突与先后之分：客户经理既是银行专家又是志愿者，社会企业需要二者合而为一。圣保罗联合银行的许多员工都有兴趣加入 Banca Prossima：2009 年，Prossima 的每个内部工作岗位平均能吸引 9 位候选人。

其次是客户经理的作用，他们的作用不在团队组织指导手册之列。一方面，这是服务模式所要求的，Banca Prossima 决定走近它的客户而非保持距离，所以它也仅有三家完全成熟的分支机构（分别在米兰、罗马和那不勒斯），Banca Prossima 以圣保罗联合银行分支机构中的 52 家金融交流会来服务于全国，这些金融交流会是它的立足基础。另一方面，专业化确实褪去了过分的专门化，因为一个人（客户经理）完全对另一个人（社会企业家）负责，还必须在规定的组织范围内（即 Banca Prossima 要在圣保罗联合银行集团范围内）作出判断——哪些适合客户的需求和偏好。联合创新者的角色也寓于客户经理之中：因为他们在自己的地盘上与社会企业家保持着持续深入的关系，客户经理处于绝佳位置，可以报告新需求、新观点，也可以发挥整合多个地方社会企业的功能。客户经理也是项目计划的筛选人，他们根据计划的成熟阶段来筛选并决定是当即采纳还是寻求总部的帮助。银行与社会研究室的计划其实是已经 Prossima 筛选通过的，所以这些计划不可能被搁置，每个计划都是靠合作者的努力自下而上成长起来的。这些计划也会通过专门的网络社区进行共享，还会在年度全体员工大会上开辟专区来共享以便于最好的实践经验能够在内部传播。2009 年的员工大会上又有了新发展，征集有关"银行如何有效帮助客户创造'社会价值'"这个主题的事迹。这个征集活动会涵盖了 Prossima 工作团队、圣保罗联合银行集团企业社会责任部门以及一些评估"社会价值"的合作大学的成果。

Prossima 总部的人员也是"客户经理"，因为他们主要负责与圣保罗联合银行总部的关系，他们是创新的培育者，也是业内的同仁。实际上社会企业家贷款存在的普遍问题是这些企业通常没有雄厚的股本，也可能没有财务专家，因此他们需要特别的评估工具。Banca Prossima 为社会企业开发了一套信用评估模型，该模型同时考虑到了这些企业在法律上和财务上的特性，并且它还符合巴塞尔协议 II 的要求。

Banca Prossima 的评估模型并不是照抄标准的银行评估模型，它是以非营利行业的典型要素来完成评估的（比如资金增长能力、吸引政府和私人捐赠的能力、市场收入和非市场活动的占比、管理模式等）。银行在社会企业评估方面翻开了新的篇章，这再一次成为银行与社会企业家的合作成果：企业提供系统的会计信息——即使它们在法律上没有义务这样做或者并非出于纳税的需要，而 Banca Prossima 来开发专用模型使这些数据以监管要求的语言来"说话"。Banca Prossima 投入的专家不仅仅服务于它的客户，还服务于全体社会企业，它加入了非营利国家协会的工作团队，为社会企业定立会计标准。

最后是通过团结发展委员会进行的外部指导和评估，这个法定委员会现任的 8 个成员是由股东、欧洲议会以及非营利国家协会主席来委任的。委员会成员的席位上有学者和非营利行业从前的管理者或专业人士。它的主要任务是致力于设计社会企业发展基金的运营策略和效力评估并观察 Banca Prossima 的经营如何最大化"公共利益"产出。

总的说来，当被问到何以描述 Banca Prossima 对其员工的看法时，Banca Prossima 的 CEO 马可·摩尔甘地借用了音乐剧作表演的意象。首先，他认为这是由于 Banca Prossima 的员工就像音乐剧里的演员，必须足够专业：他们得能独当一面，专业地演唱和舞蹈。也就是说，他们得打理好与"有道德"的人的关系，以他们的语言与之交流并理解他们的需求，而不只是兜售产品或者在预先准备好的格式合同上签字。其次，他继续说道，Banca Prossima 仿佛全体成员都在台上一样，大多数时候，单人秀演员与合唱团成员之间并没有太大的差别。这里几乎没有等级之分，唯一算得上规则的就是每个人都明白别人发挥的作用对于惠及所有利益相关人的关系维护都是非常必要的。员工们依此而行，做他们该做的事而非将自己局限于职位所描述的要求。最后，很难想象一个机构组织图①会充满动感——
摩尔甘地似乎倾向于使用一些类似于舞蹈编排的东西来记录下舞蹈
动作。

毫无疑问，尽管每个人都扮演了一个角色，但发人深省的是，
结束画面就是每个独一无二的人之间不可替代的联系。

薪酬政策

关于薪酬，Banca Prossima 遵循着圣保罗联合银行集团的指导，
所以对新进员工的最低薪酬依据的是 CCNL（国家集体议价协议，
National Collective Bargaining Agreement）② 对不同工种的薪酬设置。

高管的报酬是由圣保罗联合银行集团监事会中的薪酬委员会制
定的。③

至于管理人员的报酬，集团内部已经开始了平稳的调整过程，
评估得出的数据使集团的管理能够基于以下原则草拟出薪酬政策：
（1）平等，通过缩小报酬不平等和协调综合工资来实现；（2）价
值，理清工作绩效和员工表现出的管理潜能之间的联系；（3）可持
续发展，运用薪酬政策所产生的成本要以遵循成本目标为限。

另外，作为与国内商业银行部门有关的企业，Banca Prossima 被
要求采用新的激励系统，该系统的基础是提升个人的贡献、追求卓
越以及与集团设想的精英管理、业务增长相联系的股权。然而一次
专门的情况调查显示相较于通过个人工作获得奖励，Banca Prossima
的员工在团队合作中有更显著的成绩，Banca Prossima 决定相应地改
变薪酬计算方法。

---

① 更多关于人性化管理框架的组织结构图请参看人性化管理文集，http://
www. humanisticmanagement. it/variazioni. html。

② CCNL 这部分的规定涵盖了集团所有在意大利的雇员的情况。

③ 见 49 页以及接下去的《关于股东结构的公司管理信息与报告》，http://
group. intesasanpaolo. com/portalzisir0/isInvestor/en _ governance/20090420 _ Relgovernance _ as-
setti _ Propriertari _ uk. pdf。

　　总而言之，人事政策也如其他方面一样，对于一个隶属于大型集团的法律主体来说可操作的空间是有限的，在企业隶属于一个完善的集团而必须遵照其政策时，重新开展业务对经济规模和口碑方面产生的影响会在内部产生了相抗衡的效果。在这个领域内，内在激励的重要性并不会得到充分的强调：曾在圣保罗联合银行工作的员工在非营利行业从事志愿工作，那些为了加入 Banca Prossima 而提交简历的人们相信 Banca Prossima 提出的使命；他们清楚自己进入的是一家小型机构，这家机构可能与圣保罗联合银行有着同样的不足和同样严格的要求，只不过规模更小而已。他们也许很难改变路人对于大型银行机构的指责（太过复杂的产品、太多的贷款标准、事业上主要依靠老员工等），但是为了仅有的一点点改变他们也必须亲自去尝试。

　　为了保持内在激励并让 Banca Prossima 的全体员工打成一片，部分员工培训不局限于商业和技能，还包括每年至少一次的全体员工大会，专门用以建立普遍认同的文化、交换信息与经验以及为使命"保鲜"。全体员工大会的活动包含团队合作的电视广告文案，在文案中给客户的服务能够最好地传达 Banca Prossima 的使命；为主管们筹划一次问答活动，提出程序创新来方便行内不同专业分工的业务经验交流。

Banca Prossima、圣保罗联合银行集团与金融危机

　　Banca Prossima 成立没几年，没有完全受到金融危机的打击，到2009 年 9 月底，银行经营还不满两年就已经有 6 040 家机构成为它的客户，也就是潜在市场份额的 2.5%，48 570 万欧元的客户资产存入 Banca Prossima 或者通过它进行投资，32 350 万欧元的贷款余额中有 58% 的信用风险属于"非常低"到"中低级"这一档。

　　危机对实体经济造成的一个额外效果是使 Banca Prossima 与社会企业紧密相连，客户反馈的主要困难是付款延期，尤其是地方当局的欠款。在金融高压下，Banca Prossima 的贷款速度稍稍加快了，而

在 2009 年 9 月末只有四笔贷款处在"损失"的状态下，占风险贷款余额的 0.29%。

尽管贷款业绩不俗，Banca Prossima 仍没有达到收支平衡，而艰难的市场环境更拖延了收支平衡的实现。主要的支出项目在人事上，不仅是工资，还包括培训成本。我们还要考虑到 Banca Prossima 提供给客户的服务水平要高于一般的零售银行，因此与大众化的服务相比，生产率必然要更低。

说到集团对危机的反应，2009 年 3 月 20 日圣保罗联合银行决定启动 40 亿欧元特雷蒙蒂（Tremonti）债券的发行程序[1]，其目的是建立"保险政策"来抵挡市场的进一步衰退，这样的衰退会危及它在市场中满足最终的内部需要和贷款需求的能力，还会影响到事先决定好的资本管理。特雷蒙蒂债券是一种"桥梁"——因此必须尽快偿还——直至对非核心资产的资本管理活动（比如部分或全部的清理、建立合作关系、罗列清单等）结束为止。

然而 2009 年 9 月末圣保罗联合银行却决定[2]停止发行特雷蒙蒂债券，因为它的市值已经大有提升，而且它的信用违约互换在欧洲主要银行中是最低的。

此外，最新的研究表明，圣保罗联合银行的一级核心资本率有望超过 200 个基点，一级核心资本率源于对非核心资产的资本管理活动，而非核心资产的价值与最初的估值相比，不论是账面价值还是合理的市值都增加了 110 亿~150 亿欧元。这意味着即使只用资本管理计划的一半（也就是至少 100 个基点），圣保罗联合银行集团就有资本基础来维持可预见的贷款增长水平并能够再增加超过 600 亿欧元的贷款，而在持续的经济复苏出现后，短期的贷款增长则不可限量（见表 4-1）。

---

[1] Tremonti 债券是一种特别的银行债券，由政府为了经济和财政的目的而认购。

[2] 详见 http://www.group.intesasanpaolo.com/scriptIsir0/si09/contentData/view/content-ref?id=CNT-04-000000003F8D5 或者在 http://www.group.intesasanpaolo.com 中搜索 Trimonti。

表 4 – 1　　　　　　　　**银行业的管理：**
传统模式 vs Banca Prossima 的人性化模式①

传统模式	Banca Prossima 模式
单重目标	团队内依法创造社会价值，团队一般有三重目标
服务于股东	服务于耐心资本投资人和利益相关人
高回报模式	薄利模式（按照圣马丁的方式）
缺乏道德监督	设立社会和发展委员会
狭隘的客户基础	客户基础：致力于公共利益的人们
以产品为中心	以客户关系为中心
产品导向	注重客户的需求
格式化	量身定做
等级结构	内部团队
强调市场	强调利益相关人参与
雇员流动性高	内部岗位成功率高
高客户违约率	低客户违约率

---

① 表格来源于 C. Arena. Wainwright Bank & Trust Case Study. 出自《人性化管理实务》一书，由 E. Von Kimakowitz、M. Pirson、H. Spitzeck、C. Dierksmeier 以及 W. Amann 合作（Houndmills, UK: Palgrave Macmillan, 2001）。

第五章　BB&T：以核心价值为基础的社区银行
——如此就能逃过一劫吗？

斯蒂芬妮·A. 威廉姆斯　　詹妮弗·J. 格里芬

引言

　　BB&T 公司以社区银行传承者的身份为傲。它的成功一贯源自于保证当地市场上零售商、商业以及家庭的个人贷款和固定资产贷款。BB&T 非常满意自己提出的"美国镇"概念，这项商业化的业务发端于北卡罗来纳州的威尔逊。作为一家商业银行，BB&T 亲近客户和消费者，它并不过分依赖于造成眼下衰退的次级抵押贷款。然而随着国际金融危机的扩散，BB&T 也遭遇股利削减、利润大幅下滑和商业模式重塑的困难。

　　最初爆发于 2008 年秋天的金融危机对显著暴露于次级抵押贷款风险下的社区银行的影响并不相同。BB&T 幸免于难。在早期的"质量避险"（flight to quality）后，在其他社区银行倒闭之时，BB&T 2007~2008 年存款的市场份额反而增加了。BB&T 执着坚持十大核心原则，注重财务健全，BB&T 的 CEO 凯利·金（Kelly King）在 2008 年的发言中说道："在艰难的环境下，我们依然任重道远，但我深信 BB&T 坚如磐石——也许国内其他的金融服务企业也是如此——能够安然渡过此次衰退。我由衷地相信美好时代就在眼前。"

　　但是全球衰退的阴云不散，高失业率、高失赎率以及每个美国家庭的高负债率——家庭是社区银行的核心和灵魂——都在给 BB&T 的商业模式施压。BB&T 的股价也从 2008 年秋天每股 40 多美元的高点跌到 2009 年春天每股不到 15 美元的价格。

　　一纸股票考验着 CEO 凯利·金"美好时代"的言论,在当前经济气候之下以 BB&T 目前的商业模式是否还能实现。鉴于 BB&T 应对经济下行和金融服务行业审查监管标准提高的措施——更高的费用、更保守的贷款政策、更积极的贷款催收,我们怀疑这家老牌社区银行是否会背离客户、抛弃员工、退出消费者服务领域并逐渐侵害以后的业绩。

　　更具体地,我们来看看银行长期的保守信贷文化是否能够有效地支撑企业战略渡过持续的经济低潮期。支持者认为一以贯之的、以价值为基础的领导保证了日常决策能够巩固 BB&T 的资信和成长力。反对者则不以为然:作为超区域银行,保守的信贷传统受到严厉监管,这使它的商业模式面目全非并在经济低谷期变成对客户毫无助益的伙伴。而我们认为 BB&T 确实有可能逃过一劫并继续成长,出路就是抓住次级债券市场崩溃的时机兼并弱者,但这有损于员工(对营业额、忠诚度和服务能力造成消极的影响)和为客户服务的精神。在最乐观的估计下,保持社区银行性质的诉求在未来也会变得非常微弱。

BB&T 的传承:发端于小镇

　　南北战争之后,一个富有的种植园主的儿子阿尔菲尔斯·布兰奇(Alpheus Branch)在北卡罗来纳州的威尔逊做起了小买卖。很快,1872 年他和托马斯·杰斐逊·哈德利(Thomas Jefferson Hadley)合伙成立一家银行:Branch & Hadley。这家银行帮助重建被战火摧毁的小企业和家庭农场,它扎在当地、在农村的根系逐渐粗壮深入。农民们能融资为棉花地购买种子并开始尝试新的经济作物:烟叶。

　　1889 年,布兰奇和他的商业伙伴一道,为威尔士银行与信托公司取得了北卡罗来纳州议会的政府特许权,这就是后来的布兰奇银行。布兰奇死后的 1893 年,银行更名为布兰奇银行与信托公司(BB&T),这个名称沿用至今。

随着第一次世界大战的爆发，BB&T开始销售自由债券并发放贷款。它成为北卡罗来纳州最大的银行之一。在20世纪20年代早期，银行开设了新的办事处，并将服务领域扩展至保险和抵押贷款。1914~1923年，BB&T的资产增长了307%。

1929年的股市崩盘使BB&T的大多数竞争对手倒闭。而BB&T却保持成长态势，它的分支机构数量翻番并在1929~1933年创立了债券部门。第二次世界大战后的繁荣为BB&T助力。20世纪40年代晚期到60年代，银行业务重点是整个北卡罗来纳州的农民和小企业，依靠并购缓慢而坚实地成长。BB&T在35个城市发展了60家办事机构。到1994年，BB&T已在南北卡罗来纳州的138个城市设立了263家办事机构。1995年的一次与南部国家公司（Southern National Corporation）的合并奠定了现代BB&T的基础，437家分支机构所在的220座城市中包括了今天的弗吉尼亚州。

2008年，BB&T接受了31亿美元所谓的紧急援助资金，该笔资金来自于对美国财政部问题资产纾困计划（TARP）的优先股销售。令其颇感自豪的是，BB&T是2009年首批购回这些股份的银行之一。BB&T的主席和前任CEO约翰·A.艾利逊（John A. Allison）说银行是被迫接受这笔资金的，他声称过度的政府监管导致了金融危机（DePillis，2009）。

退出问题资产纾困计划之后不久，在联邦存款保险公司（FDIC）的帮助下，BB&T收购了殖民银行（Colonial Bank）的贷款和存款。这次收购包括将近260亿美元的资产和超过340家的分支机构。BB&T的规模在全国暂时排名第八，但是很快它就卖掉了内华达州的分行，而排名也下降到了第十。它保留住了大西洋中部海岸地区的机构，在地域分布上，BB&T南至阿拉巴马州，西达得克萨斯州。

通过一系列银行业务、投资业务和保险业务，BB&T继续在整个美国东南部扩张。自2010年12月起，BB&T拥有资产1 570亿美元，超过30 000名员工在12个州和华盛顿的近1 800家机构中工作。这样的增长说明银行在资产上有200亿美元的增加——在多开设差不多 300 家办事机构的同时却减少了 1 000 人的员工雇佣——从 2008 年底以来就是如此。"事半功倍"的准则在 BB&T 得到认真贯彻。裁员被称为"机构重组",在东北卡罗来纳州这样最萧条的地区,BB&T 的分行就在裁员。

所有权和领导权

　　BB&T 这家超区域的大西洋中部地区银行拥有 69 200 万美元发行在外的股份。银行内部人员拥有的股份不足其中的 2%,共同基金所持有的股份不足其中的 1%,而像巴克莱和先锋集团这样的机构所持股份也不足 40%,大部分的股份都在个人手中。

　　由十位高管组成的团队领导着 BB&T,十位管理者中除却一位,其他都是在 20 世纪七八十年代进入 BB&T 的,源于内部的推动力得到了有力的支持。自 2009 年 1 月起,凯利·金当选 CEO,再次证明了稳定的重要性,这种稳定性长期被视为 BB&T 保守文化的一部分。当选的领导者们都对 BB&T 的历史、文化以及业务方式了如指掌。

　　大多数高管是通过 BB&T 的领导者培养计划进入银行的。"BB&T 学院"为期六个月的培训计划令参与者学习基础的财务技能并对 BB&T 的文化耳濡目染。为了强调 BB&T 的十项核心价值,该计划强化了一种方法,即在日常的决策中巩固公司价值。许多 BB&T 学院的毕业学员骄傲地将毕业证书悬挂在办公室的墙上。BB&T 继续投资于教育并因此促进了银行十项核心价值的推广。

BB&T 的哲学:十项核心价值

　　银行的员工时常听到高管们将 BB&T 的十项核心价值引入每一次讨论。银行所赖的这些价值号称是"BB&T 的哲学":实事求是、理性、独立思考、效率、诚实、正直、正义、自豪、自尊以及团队协作。这些价值经由激励、投资和讨论,自员工入职的那天开始就逐渐融入他们每天的决策中去。见表 5-1。

表 5 –1	BB&T 的十项核心价值

1. BB&T 的第一项核心价值是实事求是。必须在了解各方的情况下才能作出决策。也就是从事实出发才能使 BB&T 免于承担不必要的风险。

2. 第二项，也是举足轻重的一项价值是理性。客观来自于逻辑思维，这需要集中精力。员工要尽量避免逻辑矛盾。

3. 独立思考作为第三项核心价值，提醒着每一位员工、客户与投资者为自己负责。创新也是独立思考的产物，它激励着积极的变化和人类的发展。这种思考方式也有助于克服从众心理。

4. 效率是对员工的要求，也与机构的盈利能力密切相关。BB&T 的哲学认为，"看得见摸得着的效率就是通过贷款和投资过程合理配置资本并有效地为客户提供必要的服务，以此来获得出色的收益业绩"。

5. 第五项价值，诚实与实事求是是一致的。当人们脱离实际、回避现实时，失败就会接踵而至。在银行每天的决策中，员工必须做到表里如一。

6. 除了诚实之外，还要正直，也就是第六项核心价值，它强调的是言行符合机构的原则。比如不要去追求短期利益，因为这对公司而言就会是长期的损失。

7. 第七是正义，或者说公平。该点是说员工要得到客观的评价和回报，也就是多劳多得。这是关键，因为那些认为自己上司处事不公的员工也会对自己的工作不满。受正义价值的影响，BB&T 承诺不因为种族、性别和国籍的原因而歧视个人。

8. 坚持前七项价值就会培养出第八项：自豪感。自豪是银行希望每一位员工都保有的情感。

9. 自尊，或者说自觉性，是第九项核心价值。员工必须理性对待自己的长期利益并拥有很强的职业操守。

10. 最后，第十项是团队协作。只有互帮互助才能完成任务。团结协作是 BB&T 成功的唯一途径。所有的十项核心价值与公司愿景的实现是一致的。

据 BB&T 官网（www. bbt. com）所述，其愿景是"创造尽可能卓越的金融机构"以及"做精英中的精英"。它的使命是"为了更美好的世界，我们必须：
- 帮助我们的客户实现经济成功和财物安全；
- 让员工在工作中学习、成长、充实；
- 创造更好的社区；

　　● 从而在提供安全、健全投资的同时最优化股东的长期回报。"

BB&T 的最终目标是"为股东创造优质的长期经济回报"。

　　如果没有配套的管理体系来加强对股东长期回报的关注，最终目标就是一句空话。

　　BB&T 有意识地将四种利益相关人——股东、客户、员工和社区——综合起来作为核心愿景和使命的一部分。少了任何一方都不可能实现股东回报的最优化。BB&T 已退休的主席兼 CEO 约翰·艾利逊就强调过股东的重要性。股东投资于银行而承担风险，所以银行有义务尽其所能为投资者创造回报。BB&T 的回报最优化战略从传统意义上来说就是提供优质的客户服务、确保员工各司其职并且了解到经济成果与银行所处社区的成功密切相关。

　　健康的社区素来是 BB&T 成功的关键。BB&T 的惯例是投资于社区并分享共同的、借重于当地社区而实现的成果。1997～2005 年，BB&T 在美国小企业管理局"亲近小企业"金融控股公司排名中总是名列前茅（www. bbt. com）。BB&T 的社区发展基金直到 2008 年衰退之前都在稳定增长。BB&T 持续地适量放贷给中低收入（LMI）人群。自 1977 年以来的每一年，BB&T 在社区再投资法案（CRA）下的评级都是优秀（最高评级）或良好（次高评级）。①

　　目前持续的经济低迷检验着 BB&T 保守的信贷文化以及切实可行地统筹客户、员工、社区和股东需求的能力。以 BB&T 现在的方式，它能够渡过低迷期吗？下文讨论的是经济萧条，它如何影响 BB&T，以及 BB&T 在保守的信贷文化下如何应对。我们认为银行的保守信贷文化及其脱离社区根基的经营已经不必要地转变为激进的催收技术，这在长期是不可持续的，还会刺激股东、员工和客户逃

---

　　① 1977 年的《社区再投资法案》鼓励美国的银行在经营区域内为中低收入人群和小买卖从业者提供贷款。该法案获得通过，一部分是回应银行不平等的信贷政策，一部分是为了推进国内的房产所有权获取——这是一直以来的公共政策目标。满足当地社区的信贷需求，也包括中低收入家庭的信贷需求，被视为规范的金融机构的一项主要义务。国会认为，如果没有平等的信贷渠道，许多美国人就不能实现买房置业的美国梦（Koerber，2011）。

离 BB&T 从而有损于公司的短期目标。

BB&T 的保守信贷文化与经济萧条

2008 年，美国国会通过了美国问题资产纾困计划以减轻中型和大型银行在全球经济衰退中的压力。该计划为参与其中的银行提供优惠的贷款而以银行的优先股作为贷款回报。政府，也就是优先股的持有人要求的借款年回报率是 5%。问题资产纾困计划，也可以称作有毒资产纾困计划，初步估计要花去美国纳税人 3 000 亿美元来支撑金融服务行业。

BB&T 的前任 CEO 约翰·艾利逊劝说议员将 BB&T 这样的超区域银行纳入问题资产纾困计划基金之内。这些超区域银行都本本分分，而陷入困境的大型银行机构（比如雷曼兄弟、高盛）却在援助中左右国会的判断。艾利逊强调了两个关键点，其一是华尔街的金融机构处在全球经济萧条的苦难当中时，那些将重心放在城镇大街小巷之中的金融机构却生机勃勃；其二，并不是所有的市场调整都必然是坏事，市场调整有助于淘汰弱者。

2008 年，BB&T 接受了 31 亿美元的纾困资金。随着接受纾困资金的银行受到越来越多的媒体监督，银行在解释资金用途或资金的可能用途上都格外小心。BB&T 的 CEO 凯利·金最终对纾困计划开出的条件表示遗憾并认为这些条件"对长期的商业计划是冒进和有害的"。2009 年第一季度 BB&T 就和为数不多的几家银行一样，将纾困计划的资金还给联邦政府。BB&T 形容这笔资金是为可预见的未来开出的罚单。

而统计数据的结果却另有一番景象。① BB&T 2009 年的净收入比 2008 年大跌 42%，BB&T 的股价在 2009 年春季跳水，跌至不足 15 美元每股（2008 年每股股价超过 40 美元），而且直到 2011 年第三季度都还在 19 美元左右徘徊，未恢复到 2008 年之前的水平。2009 年

---

① 根据公布的数据，www.bbt.com/bbt/about/financialprofile。

BB&T 削减分红后，股利水平还不到 2008 年的 1/3。1999～2007 年，BB&T 平均每年兼并机构 12 家，而 2009～2010 年仅完成了两项并购：一项保险代理和一项非银行机构兼并。它在《财富》杂志 2010 年"最受欢迎公司"超区域银行一类的评选中仅列第六，排在其他五家公司之后。到 2011 年，BB&T 在超区域银行一类的排名已从"最受欢迎"一类跌出至"有竞争力"之列。

BB&T 的员工收益自 2008 年开始就大为改变。最明显的一个调整就是从固定福利养老计划转变为定额分担养老计划——将养老负担和股市风险转嫁到员工个人头上（SEC，2011）。员工还眼见着医疗保健成本增加，而且面临着大范围的调整，这种调整会造成工作环境的持续高压。

BB&T 的社区发展贷款在衰退初期的阵痛中有所增加，从 2007 年的 4.99 亿美元增加到 2008 年的 7.31 亿美元。但是到 2011 年第三季度为止银行都没有对 2009 年与 2010 年两年的社区发展贷款进行披露。BB&T 对社区的投资和再投资水平起伏不定；它对社区——曾经被奉为其愿景和使命之核心的三个主要利益相关人（客户、员工和社区）之一——所承担的义务明显有变化，不论是以可见的（报表数据）还是无形的（员工的自豪感）方式。

公司目前许多的企业捐赠都是通过 CEO 凯利·金在 2008 年制定的"灯塔计划"来实现的。"灯塔计划"由地方社区内的员工团队来甄选。每项活动可用的资源包括最高 100 美元的资金和两个小时的志愿工作。在前任主席约翰·艾利逊的支持下，在过去的几年间，BB&T 也向安·兰德学会和美国的大学捐赠了 1 000 多万美元款项以促进对自由企业制度、资本主义和客观主义的研究。

BB&T 的客户基础也不一样了。BB&T 因为收费提高而造成客户流失，而它将借记卡市场拓展成为新的盈利点（Wallace，2011）。也就是说，BB&T 不愿靠发展新客户这个社区银行的传统立足点来实现增长，它通过为个人提供无银行账户的借记卡来与贷款公司相竞争。

总的来说，BB&T 与关乎愿景、使命的主要利益相关人（员工、客户和社区）的关系在全球金融危机期间发生了不可逆转的变化。

股东回报也大幅缩水。BB&T 的商业模式可能会继续下去，但代价又会是什么呢？

今日高杠杆竞争环境下的社区银行

BB&T 幸免于难，而它往日的伙伴，比如里格斯（Riggs）、国民抵押协会（National Mortgage）和美联银行（Wachovia）却不能如此幸运。与幸存下来的社区银行及如今的超区域银行一样，BB&T 削减成本并在面临经济萧条时重新重视起股东价值。

削减成本措施包括注意控制开支、取消庆功宴和不必要的会议。高管的薪酬也受到了影响。尽管 BB&T 在同业中表现出色，但基于2008 年 BB&T 的业绩，2009 年高管们对奖金分文未取。一是高额成本，一是公众对成长中的银行中有钱有势的银行家的看法日益重要，哪个才是问题的关键？

BB&T 重构了大量的商业不动产贷款并拓展了保险业务，挑战仍然存在。表现不佳的资产在 BB&T 仍然是个问题。高管的持续关照导致了额外的监管、客户费用增加以及消费者支撑线的扩展。银行明显提高了自己的催收能力。

保守的信贷政策会转变为对每笔贷款额外的监管，其中就包括联合审批制度。36 个地区都具备额外的监管体系，其中所需的人员来自于北卡罗来纳州温斯顿—塞勒姆的总部。出现问题时，银行的职员便会立刻行动与客户一同解决。由于联邦存款保险公司强化监管，许多措施都已付诸实践。联邦存款保险公司，这家监管 BB&T 的联邦政府机构很可能会继续抓住 BB&T 不放，因为这是监管名单中规模最大的一家银行。

为了延续成功，银行重新开始注重职业操守并进行数字化管理。开支受到严格把关，不与核心价值相关的则被蠲免。根据银行的需要，利润中心是保持收入稳定的最后一步。

与此同时，银行开始持续注重迎合监管者的预期。联邦存款保险公司的支持和监管者眼中一贯的好形象是银行未来成长所必不可

少的。包括联邦存款保险公司在内的监管者对于支持或不支持 BB&T
未来通过并购实现发展都有举足轻重的发言权。

　　BB&T 目前面临的挑战是在成为社区银行还是大型全国性银行的
抉择上举棋不定。由于小型社区银行的历史根源，BB&T 分散了决
策、监管和管理系统。而鉴于它最近十年的发展和今后继续发展的
决心，既然 BB&T 是全国性的市场参与者，监管者正决定运作另外
的集中化信用体系。

　　应付集中化的管理系统颇有难度。银行与员工、客户和监管者
之间的关系在过去的几年里变化很大。随着银行间的联合以及更多
全国性银行的出现，BB&T 就成为了一个试验案例，它检测的是曾经
的社区银行在成长的同时能否保住它最初的信仰、价值和关键的股
东关系。我们从价值的基础构成就可窥一斑。

路在何方？

　　自 2011 年第三季度开始，BB&T 就成为了美国第十一大金融控
股公司（www. bbt. com），它还能被称作社区银行并继续按照社区银
行的方式运作吗？

　　BB&T 所极度重视的成长伴随着员工关系、客户关系的变化，已
经极大地改变了它的商业模式。激进的催收技术和变换的员工关系
逐渐侵损了以道德价值为基础的商业模式。注重职业操守习惯上包
含了对客户、员工和股东毫无保留的关心，但关爱客户、员工和股
东的美名正在被逐渐磨损掉。

　　所有的银行都有赖于客户及时归还贷款本息。过去，面对可能
的贷款违约，保守的信贷政策倾向于使用更加具有判别力的激进的
催收技术。费用上涨，在客户支出中附加来历不明的"杂费"而又
未能在每月账单中提前说明这些支出项，这考验着 BB&T 在客户
心中的信誉。

　　客户可以有很多选择，像 BB&T 这样的超区域银行则面临着双
重打击。首先，它们自诩对当地的、社区内的客户作出了真正的、

基于信任的承诺而因此与众不同。其次，保守的信贷政策不必要地转变为激进的催收技术、裁员和集中化的决策，这些改变并非总是有益于建立互信关系。对 BB&T 以及其他超区域银行的怒气和惩戒很可能会被那些遭到银行轻视的客户双倍或三倍地放大。时间会证明这家银行对众多社区、客户和员工作出的承诺是真金白银还是空头支票。

　　在贷款越来越少、不可挽回的贷款损失越来越多的情况下，银行要如何解决还款问题？如果一家社区银行倚重于小型社区内忠诚客户反复的生意来往，那么鼓励偿还贷款就显得尤为重要。在过去的三年中，BB&T 在当地社区的投资显著减少，一旦地方的经济恢复了，当地的居民和原先的客户会不会记得自己的遭遇而以牙还牙？为了渡过眼下的危机，BB&T 还会不会通过裁员和削减成本来维持收益？一步步远离密切接触的、关注社区银行的地方消费者，BB&T 会不会进退维谷，变成一家缺少地方参与的超区域银行、一家不具规模的全国性银行？

致谢/后记

　　感谢乔治·华盛顿大学企业责任学会（ICR）的支持。更进一步的信息是，作者斯蒂芬妮·A. 威廉姆斯是 BB&T 负责商业贷款的副总裁助理，于 2011 年自愿离开 BB&T。两位作者以前是并且现在仍然是 BB&T 的客户。

参考文献

　　[1] Branch Banking & Trust. www. bbt. com, accessed September 2009, February 2011, August 2011.

　　[2] DePillis, L. How one think tank adapted when the debate moved on from its favorite issue. 2009 - 06 - 12, Slate. com.

　　[3] Emergency Economic Stabilization Act of 2008. Division A of Pub. L. 110 -

343, 122 Stat. 3765. 2008 - 10 - 03.

　[4] Fortune. Most Admired Companies. 2011. money. cnn. com/magazines/fortune/moststadmired/2011/industries/50. html.

　[5] Fortune. Most Admired Companies. 2010. money. cnn. com/magazines/fortune/mostadmired/2010/industies/50. html.

　[6] Koerber, C. Lending to Low and Moderate Income Borrowers: Board Composition, Stakeholder Outreach and Regulatory Environment. Unpublished Dissertation, George Washington University, 2011.

　[7] Wallace, C. P. The de - banking of America: Unpopular charges from big banks are driving customers into the arms of local banks and credit unions. Fortune, 2011 - 07 - 15.

第六章　CEI 资产管理有限责任公司

菲欧娜·S. 威尔逊　F. 罗伯特·威尔逊

> 助力创建经济健康和环境健康的社区，令此间居民，尤其是低收入人群能够充分发挥潜能。
>
> ——Coastal Enterprise Inc. 宗旨

本章的案例分析来源于 2008 年秋季和 2010 年春季对 CCML 的管理团队及董事会成员的采访。作者对 CCML 的职员不吝惜宝贵时间并慷慨分享其观点表示衷心感谢！

导语

对于一个小型的、只有 9 个雇员的机构来说，处在缅因州这种人均拥有 17 英亩林地的高度农村化的地方，CCML 的作用举足轻重且对社会和环境有着深刻影响。作为一个再三强调社会概念的金融机构，CCML 已被视作联邦政府《新市场退税方案》（NMTC）下的全民领袖。在大多数农村地区、低收入地区以及全美正遭遇经济挑战的地区，CCML 运用联邦退税（补贴），甄选并帮助促进了各种针对项目融资的投资行为。CCML 因为鼓励将所需的私人市场资本引入指定的低收入领域而闻名并得到尊重，它的办法是提供 20% ~ 25% 项目费用作为高质量、低成本的资本金，该资本金的来源是出售退税额度给具有经济动机的投资者，最终就能为那些处于劣势的地区带来就业和其他经济机会。

这具有社会性的意义，有力地证明了如何以人道主义的方式沟通私人资本市场以驾驭金融业来达到社会目的和环境目的。作为一家闻名全国的非营利性社区发展机构 Coastal Enterprise Inc. （CEI）的营利性子公司，CCML 的税后利润向上输送以支持非营利母公司的运营。更重要的一点是，CCML 的核心业务模式和战略直接推动并支撑着母公司全盘的社会和环境职责。

本章的案例分析探讨了这一革命性的机构，它的职责、战略及核心商业模式，筛选出 2008 年秋季之前 CEI 在金融界获得成功的因素，这段时期新市场退税业务的竞争异常激烈。案例还探讨了 2008 年下半年到 2010 年之间的经济衰退给 CCML 带来的空前挑战。CCML 核心模式的稳健性显然已经成为公司的根基，使它身处金融市场空前的不明朗和不稳定之中却还可以继续繁荣发展。同时，CCML 在低迷期还对运营战略迅速作出一些基础性的调整，这成就了公司 2009 年和 2010 年的业绩。到 2010 年，CCML 在新市场退税业务中掌握着超过 6 亿美元的融资能力，这在 2009 年和 2010 年两年间都是规模最大的资金份额。CCML 是业界的异类，相比从前，它退出更多的投资将资金配置于新市场退税。同时它还提高了运营利润率。也许最重要的是它忠于职责，通过其所融资的项目类型来坚持全力奉献于环境和社会效益。

发端：不走寻常路

CCML 的创建者罗恩·菲利普（Ron Philips）本想成为一名牧师，但他为自己的职业目标找到一条非同寻常的道路：创办一家非营利性的社区发展组织 Coastal Enterprises Inc.，并在不久后成立了它的营利性子公司 CCML。这两条道路看似不搭界，但菲利普回忆了早期他在神学院接受的教育中是如何在二者之间建立起纽带的。他生动地讲述了民权运动对自己价值观的影响，提到 20 世纪 70 年代早期哥伦比亚大学与周边黑人聚居区的鲜明对比。菲利普还在神学院的时候就研习过基督教与马克思主义之间的对话（christian – marxist dialogue）并涉猎了人权、社会公平与经济体系三者间关系方面的知识。"资本是社会公平的核心杠杆"，这句话成为菲利普所有观点所围绕的中心，并引导他认识到资本可以——其实是应该——另辟蹊径投资到对民众和社区有利的地方，或者说，"资本应该根植于社会目标之上或使社会目标更加明晰"。

　　自 20 世纪 70 年代中期菲利普迁居至缅因州之后，他的注意力就转移到帮助广大农村地区建立非营利性社区发展公司（CDC）上去了。菲利普将这种理念阐释为"发掘存在于全国各地的企业家精神"。他将输送资源和资本的渠道视为激励地方人才和激发地方潜能的方法。菲利普在 1971 年创办了非营利性的 CEI，这家公司三十多年来致力于弥合贫富鸿沟和创造平等的就业环境。多年来，CEI 为追求其宗旨而多面出击，为小企业、自然资源产业、社区基础设施建设以及对提高缅因州就业和增加经济机遇有所助益的经济适用房行业提供金融和企业能力培养方面的帮助。

　　除了母公司的流程制定，菲利普还谈到长期存在的困难，具体来说就是如何以适当的条件和资源来达成宗旨。诸多诉求中首要的是利于社区经济发展的监管环境、便捷的资本渠道、获取产生必要流动性的私人资本杠杆或资金流以使得像 CEI 这样的机构能持续投资于促进当地社区经济健康发展的项目。菲利普解释说，基本前提不仅是带来地方所需的助力经济发展的资金，而且还能够以更大规模的私人资本来"撬动"有限的资金。他将涉足传统的私人资本市场视为实现真正转变的机遇。

　　在这种想法的推动下，他与和他保持密切关系的其他一些社区发展公司就如何吸引更多的私人资本以实现社区发展目标展开了头脑风暴，这群人意识到联邦低收入房产税信贷计划的成功之处，他们决定开展一项针对社区发展的类似的税收信贷计划。他们成功地使国会批准了一个试点项目并在初期的成果之上推出了 NMTC 这样一项年度计划，该计划经由国会 2000 年下半年通过的美国财政部社区发展金融机构资金来贯彻实施。新的联邦税收计划为 Coastal Enterprises 的补贴铺平道路，此时的 Coastal Enterprises 也就是 2002 年的 CEI 资产管理有限责任公司。

宗旨和模式：将私人资本的力量传递向经济发展

罗恩·菲利普认为新通过的联邦 NMTC 计划会为 CCML 创造千载难逢的契机来处理缅因州和其他州当下的经济状况。具体而言就是说，他将其看作一条途径来吸引和输送更多的私人资本到 CEI 项目所在的经济困难社区。如此，这就成为 CEI 推进其宗旨的全新的、革命性的方法。前任董事会主席麦克·佩森（Mike Payson）说道：

我本人某种程度上是我们这个体系的信徒，但是我也关注现实，我们的体系并非适用于每个人……正如别人所说的，钱会生钱，如果在我们这样的体系中你没办法得到资本、教育或是其他成功所需要的要素，那它就失灵了。

为了使这个体系发挥作用，佩森意识到"必须得设法解决被我们的体系遗忘的底层人群的分配问题"。由此，佩森认为 CCML 的宗旨有助于振奋一些地区的企业家精神、鼓励商业和就业，这些地区如果得不到这样的帮助就不可能获得如此的成功。

NMTC 计划规定，投资于符合条件的低收入社区的纳税人能够冲抵数额相当于七年期项目成本 39% 的联邦所得税，联邦政府通过竞争性的申请流程筛选出符合资质的中介机构承接退税安排任务。NMTC 计划在其中多少算是独一无二的。正是这些中介机构敲定能够享受退税的项目。在此种情况下，母公司 CEI 作为 NMTC 的申请人，将退税额度决定权下放给了它的营利子公司 CCML。而 CCML 将退税额度通过市场分派给那些愿意以一些税收优惠为回报而投资于低收入地区的投资者。享受退税的投资者、企业家、项目开发者以及管理 NMTC 计划的联邦政府社区发展金融机构（CDFI）基金之间的关系错综复杂，CCML 就在其间运作。与各方深厚的工作关系是将模型变为现实的关键。

CCML 以其核心商业模式的本质发扬了 CEI 的宗旨，成为引导资本进入农村和低收入地区的媒介，如若不然，这部分资本就会流向他处。该模式的基本前提注重的是在创造目标社会产出时，潜在的多个利益相关人群体间的利益匹配：具有社会意识和环境意识的商业活动或是低收入地区的项目都能够以合理的价格获得所需的发展资本金，而个人投资者则能够在满足社区必不可少的需求的同时赚取可观的回报。现任总裁查理·施皮斯（Charlie Spies）视 NMTC 计划为利器，它利用退税所提供的补贴让 CCML 获得主流资本市场的规模和力量，而退税则将私人资本引入低收入地区。

公司元老级的总裁史蒂夫·威姆斯（Steve Weems）将公司哲学形容为"将体系推向正途"。威姆斯说，这个团队的基础阶段就是探索"资本主义在我们生活中的作用"，他还说，CCML 模式为那些想要有所作为却被日益狭隘的日常要务所羁绊的商业领袖们开辟了一条通道。威姆斯认为，对于大多数大型的传统企业"假如你能给它们提供渠道来实现其他一些社会和环境方面的成果……它们再乐意不过，它们会践行之、接纳之，并且会成为优秀的伙伴来帮助你高质量地落实计划"。

践行愿景

在正值经济萧条的 2008～2010 年，NMTC 产业中安排退税的申请者们进行着激烈的竞争。这里面既有营利的机构，也有非营利的经济发展组织，有各种规模的商业银行、政府部门和市政机构。在各方面资金就位、寻求新的市场补贴的情况下，弱势社区也就不缺健康的项目。践行愿景——坚持机构初衷及其运行模式的同时，在激烈的竞争中实现宏图——这就需要 CCML 仔细斟酌和筹谋设计自己的操作规程。现在看来，确定的、统一的 CCML 操作规程确实为机构的成功发挥了重要作用。

大多数的 NMTC 中介注意力都集中在市区的不动产上，只有包括 CCML 在内的一小部分中介关注到农村。尽管 CCML 涉足的项目遍布全国，它仍然几乎是专门地、着意地关注农村的项目，这使它能够运用母公司三十来年在缅因州农村经营所得的深厚积累。CCML 在类似地区发展 NMCT 项目是千载难逢的挑战和机遇，对农村的关注也使它得以建立强大的专家团队。许多其他的 NMTC 中介机构运用的是上文提到的合格低收入区域作为分配退税额度的主要标准，而 CCML 的投资标准只有一条，就是在宽泛的利益相关人范围内评估每一个项目。总裁查理·施皮斯明确了一点，CCML 的做法能解决每位利益相关人的需求。至于其他的 NMTC 中介，它们评估一单生意的首要标准就是"若无法则"。这条法则将纳税人和财政部纳入利益相关人的范围内，也正是这条法则确保退税价值不会被用于任何可能造成资金外流的资助项目。CCML 发现遵循"若无法则"的标准能够有效保证新市场退税的合理分配，这也是财政部经济发展的意向——扶持那些没有 NMTC 补贴就完全不可能生存的项目。

施皮斯说，CCML 也非常关注具有"崇高使命"的项目，甚至大过对低收入区域投资的关注力度。从一开始，CCML 的投资标准就高于 NMTC 计划"投资于低收入地区"的基础理念。CCML 为自己的退税承揽工作树立了与其母公司的宗旨和目标高度一致的观念，它从三方面评估一个项目的价值，这三方面可以归结为三个"E"：经济（economic）、社会公平（social equity）、环境（environmental）。这是不可或缺的三重目标。社会公平就是说一个项目有可能"帮助社区更加公平地分配所需的资源和服务"。对所在地区潜在影响的评估包括这样几个问题：一个项目将如何通过创造就业机会来增强社区或目标人群的力量、如何帮助提高地区的整体收入水平、如何提供教育机会。CCML 耕耘在农村，所以它也考虑项目是否对渔业、农业和林业这样传统但备受挑战的产业有所帮助。在环境方面，CCML 将产业最优实践和认证作为投资的指导，所搜寻的项目的特点是能够加强或促进自然资源的保护和可持续利用、在林地的管理和砍伐上使用可持续的做法或在不发达的地区创造保护性的地役权。CCML 的网站上有这样一段话：

我们将这一宗旨实际运用在承揽税收抵免业务上，并不期望每个项目都符合所有的标准。某些项目和业务在一两个方面的表现就足够抢眼了。但是我们确确实实认为全面考察一个"完美"投资和"优质"交易的构成部分是非常有价值的一件事。

　　根据施皮斯的说法，由于 CCML 对其业务要求甚高，长期关注于具有崇高使命的项目，结果 CCML "现在被推举为具有极其崇高使命的退税额度分配者之典范"。他阐释了这个名声是如何提升公司的业务网络建设能力并在资本和收益的买卖交易中发掘有益的合作伙伴关系的。他说："我们已经将这个名声作为自己的优势，尽管有时候我们的交易会进行得更艰难一些。"

　　如施皮斯所说，公司一直都在寻找革命性的方法来将更多的社会责任植入或"嵌入"可能的交易。他举了一个在低收入地区融资建设新酒店的交易案例。虽然这家酒店能够创造就业并给地方带来经济上的利益，但是"当我们深入了解之后发现它并没有多大的社会责任价值"。施皮斯解释说，CCML 作为交易的协调者是如何要求某些享受 39% 退税补贴的项目为本地区的外来移民制定劳动力发展计划的，这些计划包括推广英语成为第二语言和推广文化技能。这些计划不仅会帮助酒店获得高质量的劳动力，还可以帮助外来移民在美国立足。施皮斯说："我们衡量成功的标尺之一就是我们的工作能够做到从前所不能达到的程度。每当我们结束一个项目，人们都会赞叹说这是业界典范。"佩森的观点也是如此，在这种特殊的交易中，CCML "将外在的社会责任植入交易中……他们所选择的项目也许不符合'若无法则'，社会责任也许不能达到我们所想要的程度，他们将社会责任以就业协议的形式植入交易之中"。

　　尽管 CCML 有一套条理清晰的程序来评估所有可能发生的业务，但其中仍或多或少有一些主观的、直觉上的判断。CCML 融资的一个项目是消费者食品合作社，它"同当地社区所支持的农业和供应商有着非同寻常的紧密联系"，而假如没有税收补贴，这个合作社项目可能根本无法启动。虽然这并非那种能够吸引 CCML 的典型案例，威姆斯却说：

　　"它正合我们的胃口，因为它有太多方面都对味，更小的规模、可持续性、更加地方化、生活和思路也更加具有社会意识……这就是一个例子，笃信有些收益和影响会自然而然地产生，你甚至还没弄清楚情况，但企业自己已经就位了，而它的目标从可持续的未来上看也是可靠的……故而值得得到我们的支持。"

　　有意识地整合共同利益相关人的利益，施皮斯向我们描述了这样一个成熟的方法，它可以使 CCML 成为"辐射的中心点，而辐条连接着每一位利益相关人"，他还说该方法是 CCML 在整个过程中实现增值的几种关键途径之一。施皮斯解释说每个利益相关人群体的利益往往不那么平衡，但同时他也说 CCML 甄选出的项目会"包含尽可能一致利益的利益相关人"。在可能发生的交易中挑选出类型合适的伙伴，尤其是选择与 CCML 有着相同使命而以更多样的方式创造社会价值的伙伴，对于宗旨的维护是至关重要的。威姆斯提起一笔业务，他们的合作伙伴是一家开发商，在业务的各方面都承担着社会责任，因此它被认为是"命中项目宗旨内涵，尽管它迫于财务压力而缩减规模、陷入低谷……CCML 就是觉得有某些东西胜过单纯的财务因素"。他又补充道："这正是你想要与之协作的团队……值得花时间共事"。

　　同时施皮斯还说，一旦协议达成就会产生特定数额的相关利益。他这样解释，比如退税实打实地创造了 39% 的补贴，它要在所有利益相关人之间进行分配——投资者享受退税、贷款人得到尚能满意的利率、融资项目的资本获得更合理的回报率。如施皮斯所言，补贴需要分配，但"不必平均分配"，它是个平衡的手段。CCML 花了大量时间向各方解释，包括交易所在的较大型的社区、确保社区适应"交易本身服务于社区"这个理念，而这项工作通常是与社区内的当地合作伙伴来一起完成的。设立代表低收入社区的独立董事和咨询委员会，这种强大的管理体系也会有所助益。

　　CCML 也将它的非营利母公司 CEI 视为重要的利益相关人，也就是说 CCML 的服务也必须有 CEI 的一份。这一点很重要，因为虽然 CCML 的核心产品或服务既印嵌着社会变化特点，也刚巧是应社会变化而生的，但它也向母公司输送额外的收益。CCML 所有的盈利都直接输送回母公司以支持 CEI 更大范围内的社会规划项目及关乎其宗旨的活动。威姆斯说："我从不怀疑'赚钱'是我们的人生目标之一……在这一点上我完全没有纠结过，只有你同时站在社会和金融两个角度上谋利都能够收获颇丰，这才是一笔不错的买卖。"佩森则表明所使用的投资标准也估量了 CCML 从交易中采掘出"公平合理"经济补偿的能力达到何种程度。

根据施皮斯的意思，有一个围绕着责任型投资来运作的团队和全面的文化对于践行 CCML 哲学是至关重要的。他指出一种"面面俱到"的方法来为 CCML 引入或创造特别的文化，"我们在招聘的时候……要弄清楚的几件大事之一就是为什么有些人有兴趣在此工作"。施皮斯进一步解释说，除非某个人在技术和社会责任心两个方面都让领导层满意，否则他是不会被录用的。他相信 CCML 与专业投资者在专业知识和技能基础上的投资，但必须是在与三重退税安排标准的核心信念结合在一起的情况下。施皮斯将这支团队视为"世界级"的专家，而他们首先视自己为低收入社区的受托人，这是其所追求的目标不可或缺的一部分。

成果

到 2010 年 7 月 31 日为止，CCML 已经完成了 39 个 NMTC 项目融资，其中 33 个项目位于美国东北部，6 个位于其他州，耗费了 39 870 万美元的 NMTC 投资额度，带动起总值为 11 亿美元的低收入社区私人资本投资。以 2009 年 12 500 万美元的资金安排起步，CCML 目前已经在新市场退税计划中获得了 60 600 万美元的回报。最近的两个年度，CCML 单独承接了数额最大的退税安排。施皮斯说财政部印发了"50 - 50 报告"，列出了美国 50 个州的 50 笔 NMTC 业务，"报告提到的 50 笔业务中就有我们的 3 项计划，我们认为对于一个来自缅因州的小机构而言，50 能占其 3，这种感觉真是不赖"。威姆斯还说 CCML 的成功意味着 CCML 的营业收入占到 CEI 总收入的 35%～40%，每年创造至少 150 万美元的利润来支持 CEI 的运营，它也在管理之下大量增加资产。在基金会和其他慈善资源资金减缩的情况下，"我们的融资对这些项目而言是重大资源"。

佩森也说到了这些成果带来的巨大的社会效益，"可能将 10 亿美元的资本和资金引入特定的低收入区域……扶持商业、创造就业，若没有我们的项目，这些可能都不会实现"。菲利普坦言，CCML 的成功之路帮助 CEI 解决了第三个挑战——进入私人资本市场。他说："它给你带来更大量的资本……对社区和居民有更大的影响。"它最终会帮助你"建立一个不同于以往的经济体系"。施皮斯认为 NMTC 计划的规模是关键，它使他们能够以项目的形式开展工作，这些项目将包括国际资本市场资源在内的大量资本吸引到低收入地区。施皮斯说他们对"改变资本流向这个现实感到满意。所以我想，使用退税安排来调动私人部门资金，并且是如此大规模的调动，会在一个社区内产生意义非凡的改变"。

2008～2010 年的经济萧条：寒冬中得到的启示

　　人人都知道全球金融市场史无前例的大动乱。本部分将会讨论危机对 NMTC 的具体影响以及 CCML 的应对。最有意思的是不同于业内大多数情况，CCML 在 2009 年和 2010 年业绩都创了新高。它能有这样的成绩，是靠未雨绸缪以及创造性地采用其投资战略的同时始终贯彻经济、生态和社会效益的统一。
　　在衰退到来之初，企业家和开发商暂停了很多项目，而其他项目在新的金融形势面前都不堪一击。这就意味着从需求方来说，寻求新市场退税的合格项目数量在锐减。需求放缓加剧了供给的恶化，作为刺激计划的一部分，2009 年财政部又发放了 30 亿美元的 NMTC 分配额度。这些手段造成的最终结果就是像 CCML 这样的 NMTC 中介之间的竞争加剧，因为优质项目量要少于 NMTC 所分配的额度。由于银行信贷业务骤减导致难以获得新的贷款，极少数幸存下来的项目也举步维艰了。NMTC 计划的变数增加意味着对新市场交易的贷款资金流得冻结一段时间，而再解冻也只能是以涓滴之势缓慢进行。CCML 所依凭的其他合作方，比如退税投资者和私人资本的情况也是一样。NMTC 大额交易的关闭对每一家像 CCML 这样的 NMTC 中介机构而言都有重大影响，因为未来几年的额度分配就是以机构的回报率和现有额度配置的质量为依据的。

　　CCML 对危机的应对极具创新性。大概来说，要获得商业融资就要既灵活又具有可行性，承接更加商业化的项目，比过去要求更强的担保条件、同有更能承担财务危机的强大伙伴合作。为了保持住 NMTC 配额的占有率，CCML 作出一个积极的决策，它要寻找在低收入地区有良好潜质，能够创造就业的"万事俱备"的项目。基于实用主义考虑，CCML 还积极谋求建立更大规模的活跃交易渠道，因为在新的复杂经济形势下能有所收获的项目会更少。这种做法可以让 CCML 维持结项率、让资产组合避免过度的金融风险和信誉风险。2009 年之前的任何一个年头里 CCML 结项的 NMTC 配额从来没有超过 6 000 万美元。而 2009 年，在 NMTC 整体投资比 2008 年还降低 20% 的情况下，CCML 的投资额反而比之前最好的年景还多了 70%。

　　与此同时，CCML 着意在新形势下更具创造性地运用其组织能力，引导和调整不同利益相关人之间的利益，让他们都来帮助保持业务之外的那些特点以保证其占有份额的质量，如此一来，每个项目就仍然对就业、社区支持或是促进社会公平具有充分的影响力。通过三个特别的项目可以窥见 CCML 在 2008 ~ 2010 年大衰退期间的作为和策略。举例来说，CCML 帮助 Lyme Timber（一家林木管理机构及林地投资商）拿到了北缅因州大北部森林 2.9 万英亩的土地。除了保护土地免遭度假房开发的威胁，还能够保证土地作为可持续功能用地提供全年的户外游憩从而得到长期的保护，CCML 还让出资金和土地为当地从业人员开发经济适用房，这些从业人员因为度假房开发而买不起房子。这项交易因为一家银行中途改变担保条件而流产，但 CCML 的反应却是重组该项交易并为其带来更多的资源。

　　另外两项业务——为新酒店（新罕布什尔州康科德的一家万豪酒店）开发融资以及为一家上市公司融资重建缅因州波特兰的一个废弃市场——对 CCML 而言就没有从前业务中所具有的三重利益标准可供考量。可是在 2008 ~ 2009 年的市场上，这样的业务也够得上融资标准了，并且这些项目还向 CCML 显示出了一些颇有意思的机会。为了使这些业务同 CCML 的社会和环境责任保持一致，它与企业商议，郑重承诺提供保本基金和项目开发人等资源来促进附属的社会项目发展，以此来增进附加的社会利益。附属的社会项目包括适用于当地酒店行业的移民劳动力引入计划以及针对社区内弱势群体的劳动力培训计划。除了提供金融和资源支持，这些计划还为营利企业和非营利社区建立起强有力的联系，这样的联系体现在它们各自的领域和关系里，而在此之前从未有人发觉。有意思的是，施皮斯解释了对于其中一些商业化的项目，项目开发人最初是如何将 NMTC 覷为"资本成本的一部分"的。通过与 CCML 的合作，他们转变了自己的方式去考虑社会的——当然还有社区的——利益。

还有几个关键词也可以描述 CCML 在衰退期间的表现。CCML 一直下工夫来构建和管理业务，经常在半途将业务推翻重组来解决金融市场上时时存在的不确定性和多变的环境所引起的问题。即使面临着金融市场上更大的压力，CCML 也仍旧为内部工作分配了资源，在还处于基础阶段的项目中搜寻能够持续发展的项目，在衰退中和以后的阶段中扶持它们成长。它开发出更标准化、更规范的程序来筛选业务，既能更有效地管理资金流又能确保项目具有社会责任。由于任何一个 NMTC 项目结项程序都很复杂，CCML 开始琢磨流程中更简单的、来自于律师和其他咨询顾问的意见以助于增加项目最后生存下来的机会。由于 CCML 加入了更加主流的计划，所以尽管它的管理和咨询系统已经很强大了，它也还是想方设法强化任务管理。

在 2009 年和 2010 年 CCML 也颇费力于巩固伙伴关系，它认为这些关系是成功的关键，也是获得重大项目和资本资源渠道的关键。尽管 CCML 已与合作伙伴建立了紧密的非正式伙伴关系，它还想将这样的关系深入化和正式化。CCML 在分析每一个合作伙伴的特定优势和战略角色时都会愈加用心而不是采用千篇一律的方式，它会花时间来考量怎样与每一位伙伴合作才是最有效率的。CCML 在萧条时期也着意拓宽关系面，积极发展与会计师事务所、律师事务所以及投资者的关系。这不仅有助于 CCML 获得好的项目，也在迅速变化的环境中给它带来了优质的信息来源。更加有效的内部流程使得 CCML 可以更多地关注外部环境而不是在更具挑战的环境中变得孤立。它定期与合作伙伴召开名为"思想领袖"的会议。它也花时间来帮助 NMTC 业内的其他公司。施皮斯说 CCML 信奉"前因后果",也相信"做正确的事、施以援手会有回报于 CCML 的长期发展"。施皮斯说这一行的成功"全靠伙伴关系",CCML 的目标是订立行业的"黄金标准"。

　　总而言之,CCML 是一家典型的在动荡时期表现出弹性和韧性文化的机构,这使它不仅能幸存下来,还能有更好的表现。CCML 之所以能做到如此,是来自于它强大的业务关系、技术团队以及致力于在完成业务的同时实现社会影响的企业文化。企业获取市场一般性条件的能力、对机会采取实用主义的观点以及保持对环境的适应性而在特定环境下实现自己的使命,这些都是至关重要的。CCML 的基本结构和方法使它不仅能在经济低迷期存活下来,还能有更优异的表现。CCML 在 2008～2010 年的衰退之前就开始打造它的"引擎",所以当遭遇风暴侵袭,它在重压下依然运行如故,而有的企业则惊觉自己的设备在风暴中无法运转。同时,CCML 在萧条时期在运营战略上作出的重大转变成就了它在这一段时期内的表现,也奠定了企业未来的繁荣发展。

展望未来

　　菲利普预计 CCML 会保持对全国农村市场的关注,但是会以一种"更加具有创造性"的方式来帮助完成替代能源和区域农业方面的项目。施皮斯说他优先考虑的还包括试着使新市场退税计划稳定化并使之永久成为法律的一部分(目前该计划是逐年审批通过的)。威姆斯表示希望能找到另一种方式来使 CCML 成为"特殊的投资银行","将 CCML 的投资银行业务拓宽到其他资源、其他补贴计划、其他资本来源和项目形式……在投资于低收入地区这一重点的大前提下进行。"确实如此,施皮斯说他希望 CCML 的所作所为会使它

"由于创造了一套强大的流程有效地维系起私人资本与低收入社区的社会利益而被认为是新市场领域的领导者"。

结语

CCML 展示了它是如何驾驭和引导主流私人资本市场从而为广大利益关系人创造成果的（而不只是为一小部分利益相关人创造财务业绩）。换句话说，CCML 证明了创新和拓展主流金融领域的边界来达到人道主义的结果是可行的。

由 CCML 创造出来的关注社会和环境的这类耐心资本代表了一种新兴的资产类别。在我们的社会中，有些人极度富有而另一些人却生活在贫困中，这类资本利用主流投资市场的力量来支持弱势社区的发展，从而有助于匡正社会的不公平。

在 CCML 的计划中，它驾驭资本并将其融合到服务中去，这种服务的对象是超越了股东和所有人的广大利益相关人，因此具体刻画出一种更加具有社会意识的资本主义。它的核心业务模式看起来似乎并不能协调经济财富和社会福利创造，但社会变化的特性其实已经嵌入其模式中，而机构未来的社会影响的结果也就不言而喻了。

的周期，基本实现无纸化（这要感谢所有收发文案工作的数字化），通过 IP 终端实施自助办公。每一位员工在自己的工作范围内负责几十个或几百个客户并与他们建立亲密的关系。CBC 将人际关系作为服务的中心，因此经营的机会成本就比大型银行来得低。至于内部监管，审计跟着报表周期走，这样合规人员与其下的审计员独立制作报表，与此同时他们还要应付希腊中央银行以及希腊资本市场委员会每周一次的审计要求。CBC 是一家灵活且适应性好的机构，它的整个决策链都放在地方层面上，对成员有求必应，对信贷政策担责，对信贷要求保持敏感并且为干尼亚、克里特岛以及希腊南部的地方社区谋取更大的福利。开展业务的所有因素（从人事招聘、培训到信贷便利的估值、利率、价差以及个性化的账户）都在合作和质量最大化的条件下、在一个不断的互动过程中得到分析，解决客户关系问题时适用决疑法，业务都是个性化的，员工也可以在标准化的银行产品范围之外提出建议。[①] 对所有分支机构和各个管理层来说，为了客户和成员的利益，在合同签订前给客户建议以及一对一的详细互动都是习以为常的工作。客户就是成员[②]，他们完全可以获得公司章程和审计报告，并且还可以跟作为同个小区邻居的董事会成员直接交流。

另外，CBC 鼓励其成员参加年会并发表见解，面对面地质询公司的战略和管理层的决策；这就是对银行管理直截了当的民主——可以投反对票——也清楚表明了公司的社会责任水准。不管是在日常工作中还是正式的会议上，CBC 在它的委托人面前都要保持尊严。值得一提的是 2008 年 CBC 的一桩银行欺诈案件，CEO 请当地媒体披露了案情并通报了解决该问题的政策措施，对犯错误的机构管理

①　决疑法是一种对异常规则的容忍方法，用来处理不适用于一般政策框架的例外情况。在这里，银行在处理账目有效性、回报率和贷款机会成本之前先处理人的问题。作为道德论证框架的理论方法见 Albert R. Jonsen and Stephen Toulmin. The Abuse of Casuisty. 加州伯克利：加利福尼亚大学出版社，1988。

②　CBC 从希腊中央银行处获得了特别牌照，在 No. 3601/2007 下接受非成员交易。1502 股的上限规定于 2008 年底新修订的 L. 1667/1986，2010 年 3 月 8 日再次进行了修订。

者采取纪律手段并诉诸法律。"银行经营中总会出现意外，但是我们以全面公开的方法在日常工作的基础上控制操作风险"，CEO 这样说道。分支机构的管理者寻求与客户的紧密联系，这也有不好的一面，但是当地社区的客户对没得到完全弥补的过错表示理解。CBC 将此案件备案并随附在提交给希腊中央银行和 2008 年度大会的审计报告中，大会对分支机构管理者在机构间轮岗以及不定期在每家机构安排网络管理人员的新政策表示赞同。透明度和问责制是 CBC 经营的基本原则，也是银行与股东间发生必然联系的基本原则。在传播合作精神的过程中，CBC 成功获得了干尼亚 15% 的市场份额，同时在拥有 56.5 万人口的岛上与 10 家商业银行的 150 家分支行竞争，占有克里特岛东部一半的市场份额。①

体面地活着：克里特岛人的尊严，CBC 的道德核心

"正直（Philotimo）"意味着推己及人的个人信誉和自尊，表现为慷慨和奉献的行为。从古至今希腊人都非常看重正直的品质，也就是今天说的尊严的根本。②"正直"这种品质原本反映的是在公众压力前言行诚实，是一种社会规范。一个不正直的人——正直表现为守信、正义、真诚——却受到崇拜，这简直是不可想象的。大量希腊手工艺品上镌刻着"美与善"③ 的古代铭文，对美德的重视即体现于此；从字面上来理解就是说，要有作为个体的纯粹的美德，也要有作为社会人的美德。个人修养不为人所见，却会外在反映于社会关系品质上。正直作为美好生活的目标和标准，以众所周知的词语"philotimo"留存于现代希腊社会，这种目的论伦理的表现形

---

① 来自于克里特岛地方当局的估计，http：//www. creteregion. com/en _ contents. asp? id = 87（2009 – 09）。

② John Psaropoulos. From Homer to Coops. Business File Quarterly Review. 2009，74（12）.

③ George A. Petrochilos. Kalokagathia：The Ethical Basis of Hellenic Political Economy and Its Influence from Plato to Ruskin and Sen. History of Political Economy. 2002，34（2）.

式却有着道义伦理的根源。正直在现代希腊社会似乎变成了集体意
识，人们不再对它进行哲学上的讨论，也不再尝试将其强加于大众，
只是认为它理所应当且广为流传。① 至于克里特岛，这个孤立的小社
会由各自分散的住户组成，他们自食其力、英勇御敌。这个社会有
着彻底的羞耻心，这种"我们是何物？我们何所依凭？"的处世经验
也体现在他们经营银行业务的道德方式上。② 重要的基本评判标准就
是"大家会怎么看"。

　　CBC 是一家由民众建立的以谦逊为本的银行，民众来治理它并
直接选举出管理人员；它为全体民众谋取更大的福利，民众因先已
存在的共性③而成为一个整体，这种共性又转化为连接干尼亚社区成
员之间的"共价键"。促使 CBC 稳定和发展的社会企业家精神的主
要特点就是：（1）熟知地方环境、居民及其关系；（2）亲身参与到
员工和消费者的经济社会生活中去；（3）倡导信任和团结，这一点

---

　　① 一些研究分析了为什么在希腊，philotimo 在传统意义上是理所当然的：S. Hoban
and G. Hoban G. Self - Esteem, Self - Efficacy and Self - Directed Learning: Attempting to Undo
the Confusion. International Journal of Self - directed Learning. 2004, 1 (2); G. Kostoulas. Phi-
lotimo and the Greek Manager. 2008 [2009 - 09] http://www. capital. gr/news. asp? Details =
502016; G. A. Kourvetaris. Professional Self - Images and Political Perapectives in the Greek Mil-
itary. American Sociological Review. 1971, 36 (6): 1043 - 1057; D. Koutsantoni. Relations of
Power and Solidarity in Scientific Communities: A Cross - culture Comparison of Politeness Strate-
gies in the Writing of Native English Sperking and Greek Engineers. Multilingua, 2004 (23):
111 - 143; V. Mavreas, P. Bebbington, and Geoff Der. The Structure and Validity of Accultura-
tion: Analysis of an Acculturation Scale. Social Psychiatry and Psychiatria Epidemiology. 1989
(24): 233 - 240; H. C. Triandis. Culture and Conflict. International Journal of Psychol-
ogy. 2000, 35 (2): 145 - 152; G. Vassiliou and V. G. Vassiliou. Social Values as Psychody-
namic Variables: Preliminary Explorations of the Semantics of Philotimo. Acta Neurologica el Psy-
chologica Hellemka. 1966 (5): 121 - 135.

　　② Brian Harvey. Ethical Banking: The Case of the Co - operative Bnk. Journal of Business
Ethics. 1995, 14 (12): 1005 - 1013.

　　③ M. McPherson, L. Smith - Lovin and J. M. Cook. Birds of a Feather: Homophily in So-
cial Networks. Annual Review of Sociology. 2001 (27): 415 - 444. Kaduchin. 2009 - 10. ht-
tp://home. earthlink. net/~ckadushin/. "homopolar" 是一个化学词汇，就像"离子"在
共价键中共同贡献电子。

对克里特岛上自给自足的人们以及中小企业而言是至关重要的。在社区的层面上，由于成员们都居住在密切联系的地方小社会中，当他们决定注册成为 CBC 成员的时候，他们就将文化价值变成了道德品质（道德最初有"日常期望"的意思），出资入股，然后就开始建立业务关系了。[1] 这是亚里士多德学派的完美典范，"人是习惯的产物"；精神品质是一种生活方式，通过合作化的网络组织来传播。从社会附加价值的盖然性推理上来说，希腊式正直的核心价值捍卫着正直的品质并体现在克里特岛社会行为上。"希腊人"作为一种身份[2]，在克里特岛就体现为正直的道德品质，它丰富了商业化气息，在社会层面上使 CBC 道德化，在利益层面上使 CBC 可持续化。

　　在此种环境之下，CBC 作为希腊第二大合作银行，采用了国际合作社联盟（ICA）对"合作社"的定义："人们自愿组成自治联盟，通过一家共同所有和民主决策的企业来满足共同的经济、社会和文化上的需求与愿望。"社会化的业务组织模式为合作银行业寻求到了应用模范。建立了格莱珉银行的诺贝尔和平奖获得者穆罕默德·尤努斯也以相同的观念作为文化基础。[3] 与 CBC 一样，格莱珉银行也是自筹资金、以高回报率获得盈利，因为借款人在社区内要维护自己的形象，这样就保证了银行经营的正常稳定和银行的偿付能力。CBC 罗列了自己的合作社信条，这是七条国际公认的准则，

---

①　Greet Hofstede 在几本出版物及其网站上就商业的文化方面提供了有根有据的分析. 2009 - 10. http：//www. geert - hofstede. com/。

②　Philotimo 的管理和行为方面的阐释如下：D. Bourantas and V. Papadakis. Greek Management. International Studies of Management and Organization. 1996, 26（3）：13 - 32；V. Skiftou. Within Social and Cultural Practices of Greek Society Subjects Negotiate a Series of Issues that Are Related to Family and the Complexities of It, LSE Doctoral Conference. 2005；V. G. Vassiliou and G. Vassiliou. The Implicative Meaning of the Greek Concept of Philotimo. Jounal of Cross - Cultural Psychology. 1973, 4（3）：326 - 341.

③　穆罕默德·尤努斯 2006 年获奖时在典礼上发言："让我们大家来助力企业家精神，不要再抱着唯一的动机（比如利益最大化），现在我们有两股互相排斥但同样耀眼的力量：利益最大化与为人类和世界谋福利。"第二股力量驱使着 CBC，将利益充分回报于社会。

国际合作社联盟①将这些准则作为合作社的特性：

①自愿且开放的成员资格：CBC 是一个自愿加入的组织，向所有能够获得其服务并愿意履行成员义务的人们开放，没有性别、社会阶层、种族、政治或者是宗教方面的歧视。

②成员民主决策：CBC 是一家由成员自己来管理的民主机构，它的成员们积极参与制定政策和决策。不论男性还是女性都可以成为员工来为企业服务，都可以被选举为代表，都拥有平等的、一人一票制的选举权（L. 1667/86，2010 年 3 月 8 日）。

③成员在经济上参与：CBC 的成员公平地认购合作社资本并自主管理之，有一部分资本是合作社的共有财产。CBC 是本地范围内具有开放资本形式的非上市公司。认购资本是成为成员的条件。成员投票决定年度分红或盈余提取，这是以适用于全体成员的存款利率和战略慈善活动的形式进行的。非成员也可以成为客户，但是他们同合作银行的契约权利是有限的。

④自治与独立：CBC 不会从外部渠道筹集资本，它的成员承担着资金筹集和分配的义务。成员的合作社自治、民主决策和责任通过参与业务和日常事务的讨论来实现。

⑤教育、培训和信息：CBC 为社员、董事会成员、管理人员以及员工提供教育培训，这样他们就能够有效地为机构的发展贡献力量。它的外部效应就是让大众知晓合作社的特点和好处。

⑥合作社中的合作：CBC 服务社员最有效的办法就是加强合作活动；一个轴心就是要对社会经济有信心并在地方、国家和国际这三个层面上促进自治组织的发展。根据 CBC 的建议，德国中央合作银行——DZ 银行受邀加入希腊的组织网络。

⑦关心社区：在关注社员需求的同时，CBC 也通过实施为社员所接受的政策来促进社区发展。在咨询、商业投资以及不同领域间

---

① http://www.ica.coop/coop/principles.html（2009.09）。这项合作运动在全球吸引了 8 亿会员。联合国估计（1994）很可能有将近 30 亿的人口通过商业合作化寻求安全。ICA 在 1937 年、1966 年、1995 年三次总结回顾了合作化原则。

联系协作，CBC 是个可靠的伙伴。CBC 数次为社区居民的战略决策提供支持。在最近的一项计划中，CBC 为志愿消防应急队捐赠了一台装备精良的消防车来巡查干尼亚辖区内的三个村子。这是对投资的社会收益回报，传达了它参与志愿活动的意愿。

　　以当地社区中的成员组成的银行网络来支持社会和价值的混合资本，CBC 算是此间范例。市场份额不再是目的，它是干尼亚团结一致的道路上必然的过程。

危机的提前准备与预防

　　2009 年 10 月，英格兰银行行长①默文·金（Mervyn King）建议"为了我们大家的利益，要降低众多家庭和企业对少数几家机构的依赖，这些机构涉足大量风险业务"。可能的话，多元供应者带来的多样化或许有助于消费者减少风险决策，也帮助政府掌控局面。这种观念对希腊广泛的合作社运动有着实质性的影响（见图 7 - 1），多样化对 CBC 而言也是最优准则。CBC 相信它在实践中只能接受实实在在的投资以及自治活动，它无法效仿大型投资银行资产证券化的做法。CBC 的董事会主席兼 CEO 说："CBC 的存在与否只能以其目标来衡量。客户与银行之间的关系离不开贷款（除非有一笔自始至终都持有的贷款），否则就制造了无法掌控的外部泡沫。这是有悖于 CBC 原则的风险，出于职责，我们要杜绝它。我们作为银行业的补充，关注的是中小企业和自雇谋生等类型的行当，这些就覆盖了当地社会90%的劳动力和商业市场。"2009 年②，CBC 作为稳健性指标的偿付比率三倍于营业最低标准。CBC 贷款的总体违约率是 1.95%，而行业平均水平在 4.5% ~ 6%；或有负债准备金是违约贷款量的

---

　　① 爱丁堡的一次演讲，http：//www.bankofengland.co.uk/publications/speeches/2009/speech406.pdf（2009.10）。就像艾伦·格林斯潘评价破产的银行："如果它们大而不能倒的话，它们的规模就太大了"。http：//www.bloomberg.com/apps/news？pid = 20601087&sid = aJ8HPmNUfchg（2009.10）。

　　② 数据来自于希腊中央银行年报与 ESTE 报告（2008、2009）。

150%，而行业平均在110%～120%，90%的违约贷款有合适的抵押担保，而行业平均水平还不到50%。这些营运标准禳解了危机。

另外，这些准备满足了CBC对流动性的需求，而现在正是它助力实体经济的绝佳时机。高水平的流动性使CBC能够支持地方企业家精神，在危机的疾风骤雨中撑起保护伞。CBC的存贷比是94%，而大多数希腊银行是130%。CBC做事向来不含糊——可窥一斑的是，很大一部分的定期存款人会以打电话的形式要求续期，稍后再进行签名确认，而在大多数其他银行，存款人到定期存款过期了还被莫名其妙地收取特别罚款——实际上只有面对其他资金提供者的时候才支付中介费用以弥补运营成本，这里的资金供给主要指的是股票认购以及支付给贷记卡/借记卡公司的费用。CBC的日常业务真实反映了成本和收益的决策：存贷款之间的利差和人力成本。马若卡克斯在一次访谈中说过[1]："我们实行高利率是为了免去所有社员的特权。银行间的资本成本在7%～8%时，为了吸引客户而制定3%的抵押贷款利率是不现实的。实践智慧和审慎是我们的准则。当我们支付4%的资金成本时，利差不可能低于2%，所以最低的贷款利率就是6%。证券化不在我们的选择之列，对我们来说它连工具都算不上。我们了解客户，我们就想保持这种做法。"2008年到2009年的金融危机是引起次贷多米诺效应的主要原因：出售抵押贷款（当然不仅仅是抵押贷款），将它们聚集成为资金池，紧接着出售资金池的资金10～15次（这是贷款的发放与分配模式），这就将债权的来源与目的同负债主体分离开来。这就是CBC所排斥的借贷双方间的疏离。因此，尽管利息是CBC的主要收入来源，仍有约15%的贷款是6.25%的可调整利率，利率基于追加服务量而每月调整一次。

ESTE的总裁尼克斯·麦塔克斯（Nikos Myrtakis）[2] 认为，管

① M. Georgakakis 的访谈见 http://ixnilatontas.blogspot.com/2009/03/blog - post _04.html (2009.10)。

② Nikos Myrtakis. We Were Not Exposed. 2009 - 10. http://archive.enet.gr/online/on-line _ text/c = 114, dt = 29.03.2009, id = 97620628.

理、接触社区内的当地市场并与之保持紧密的联系是合作银行的相对优势所在。CBC 与先驱瑞福森农业银行联盟①相似，而瑞福森获得了相当的成就。2007 年增资成功后，董事会让社员们参观了新的总部："大家出于信任而成为我们的社员和股东，在一段持续的关系中认同我们的愿景。扎根于尼亚，心怀克里特，在合作社信息的传递中，我们优先选择了您——民众。"马若卡克斯强调说："在 16 年中，合作社的定义使我们在自助、股权、团结和公共责任方面作出了与众不同的成绩，在不背离原则的前提下，CBC 利用公司规模灵活的特点参与竞争。这不是坦途而是崎岖小路，同路人就是我们的资本。"

希腊商业银行投资 600 亿欧元在巴尔干半岛及前苏联国家进行扩张，却因为货币对欧元贬值而惨败，CBC 与此不同，它的成长是依靠与希腊边缘城市建立深厚的联系。CBC 和其他合作社一样是储户的避风港，它以高于商业领域平均利率水平 1.5% 的利率来保障自己的收入。2009 年上半年 CBC 存款增长了 8%，这些存款来源于商业领域，这是对 CBC 深厚根基的信任。

希腊政府救助计划（SRP）包括将银行作为中介向实体经济注入流动性并花费 280 亿欧元用于：①政府购买银行股份——50 亿欧元；②政府长期贷款准备金——150 亿欧元；③发行政府债券作为贷款抵押——80 亿欧元。CBC 与 ESTE 的其他成员承认自己只参与了资金运用的第三部分，也不是很积极，只是作为政策备用工具。只有 CBC 的社员大量注入存款的时候才能进行信用扩张。在 2009 年上半年，ESTE 成员拥有 40 亿欧元总资产（自 2007 年以来增加了 28%）、5 亿欧元净值、32.8 亿欧元存款、31 亿欧元贷款以及 20 万名社员②，而企业集团和商业银行集团却在紧缩信贷额度、重估股票交易与共同基金资产组合。CBC 在初夏时释放了压力，这确实让人

---

① R. A. Yerburgh. Agricutrueal Credit Banks. Jounal of the Royal Statistical Society. 1896. 59（3）: 459 – 484.

② 数据来自于 ESTE 报告，http: //www. este. gr/en/index. html（2009. 10）。

吃惊，这对它的社员而言是颇为可观的季节性收入："我们必须要面对现实。我们的决策是围绕社员作出的，董事会的指导方针是阶段性的压力测试和每日的客户筛选。在所有全球金融危机泛滥的地方我们都准备进行再融资。我们深入客户去跟他们讨论、提供咨询、提出建议以及进行再融资。协同和对等是我们的奠基石，客户的长期发展是我们的战略所在。"

除非保证人不能履约，否则 CBC 不会先行处理抵押品。在融资过程中 CBC 会进行抵押品的动态估值调整，这也是为了迎合暂时缺乏流动性的社员。CBC 在董事会之下还有 2～2.5 个功能层系，由 25～38 岁的社员组成。他们的薪酬比业内集体劳动协议水平低5%～10%。年度目标被战略性地量化，奖金是按照经营单位来发放的，并不是分发到个人手里，而且奖金只针对超过社员个人存款利率收益的那部分利润。CBC 对奖金的规定考虑到了资本份额和社员资历，也作出了年度决议要将利润总额的一部分按比例分配给全体员工，没有人会受到特别的待遇。因为员工薪酬奖励不会有特殊化的协议，CBC 是以群策群力的集体来管理员工的。这些年里，数次有人建议 CBC 取消员工的一切年终奖励，将相应数额的资金作为储备金，而 CBC 仍保持着很低的员工流失率。在 CBC，社会人取代了经济人。

个案的启示

2009 年一年里美国同时有 100 家银行倒闭，这自 1992 年以来还是头一回。董事会决议重新定义了 CBC 的责任："眼下的危机为我们创造机会以显示我们的银行存在的意义，是停下来帮助数以千计的社员和我们经营的社区。在紧急情况下，我们以救济资本金来救助小企业，满足它们亟待解决的、日益增长的需求，同时还要守住我们的承诺。这促使 CBC 保护社员远离高利贷。"

根据创始人的传统，CBC 的成员更看重诸如诚实、坦诚、社会责任感以及关爱他人这样的道德品质。在道德上，CBC 驱策着当地社区的道德，将它作为价值激励。CBC 以一种可持续的方式与当地居民维持着深厚的关系。[①] 这就是 12 年来同一拨董事会成员得到大家拥护的原因。

　　CBC 给我们最大的启示就是守住信任，它是互动中的一种状态反馈。信任也被视作社会资本、力量和社会支持的源泉。信任是维系有形社员关系的无形纽带，它包括 CBC 已经实现的集体归属感。下面这些关键性的举措在危机中发挥的作用不可估量（见表 7 - 2）：

表 7 - 2　　　　　　　　　　　特色举措

认识你的客户	客户就是社员，在当地社区中有着长期的人际关系。所以互动优于交易。在动荡时期，对客户的了解也会成为一项资产。
招聘	在人事方面推行精英培育和透明化。CBC 在 10 年里举行了 8 次写作竞赛。在招聘过后特别关注其他公司的重新定位申请。CBC 的服务充斥于当地其他商业之中。当然，个人成员在银行之外也有自己的生活。所以在尽职的时候，谅解是必需的。
银行业竞争中的定位	CBC 是促进当地小型企业和自治组织发展的必要补充。因此，社区这个资本回流市场的定位令其与众不同。不动产应该作为一项单独的业务，与之相关的业务都没有多少油水。所以 CBC 经营着一家独立的名为"Cretan Properties SA"的房地产开发公司。
开门迎客	所有社员都被授权处理最近网点的事务，从员工、管理人员到 CEO 和会员大会成员都是如此。
技术和创新	CBC 是希腊首家配备 IP 电话和远程会议设备的银行，这将其决策时间缩短到一天或一周以内。它是首家拥有内部操作文件管理系统的银行，在这个系统下，所有收入和发出的文件都被数据化而用于工作流程决策并作为社员的资源库。社员的档案中没有文件时就可以从银行里获取。技术运用也自上而下地影响着 CBC，它提供了所有交易的透明度、文档管理和回溯路径，还大大减少了纸张的耗用。

　　① Alexopoulos Yiorgos C. Financial Co - operatives and Rural Development in Greek. 2006. 莱切斯特大学博士论文，该所大学是英国管理中心这个会员制机构中的一员。

续表

一站式网点	个人社员在处理消费者问题方面训练有素，所有授权和批准的功能都是自动完成的。这样一来，服务变成了私人间的接触，每位社员都确切知道有某个人在乎自己的困难。
团结和公共责任	技术投资降低了各项成本和环境影响，因此 CBC 花心思去倾听、理解一切诉求，作出反馈并解决那些棘手的问题。CBC 还提高客户觉悟以防止逃税和洗钱。

　　在这种情形下，商业投机总会更多地妥协于关怀和利他行为、妥协于责任感和专业精神、妥协于行为和影响间的对等性，在行动中认识到大家是生死与共的集体。就 CBC 而言，它除了行动还重视人员因素，而正直的品质也已深印于公司的信息、活动以及公司章程中（见表 7-3）：

表 7-3　　　　　　　　　CBC 公司章程（活动篇）

关于活动：

1. 人力资本是我们的资本。

2. 盈利就是增进乐观、安全感和信心。

3. 人是我们开展活动的出发点、途径和落脚点。

4. 我们要敞开胸襟、只争朝夕。

5. 存款意味着"你的工作要创造价值"。

6. 融资就是要在时事艰难时扛得住。

7. 投资就是信任。

8. 在变幻莫测的世界中不跟随他人，我们要留下自己的足迹。

9. 稳健性和差异化深入人心。

10. 乐观，用数字说话：我们将挑战作为自己的力量所在。

总结：内部互补的健全性、完整性以及责任担当，这是一个全局的概念。

活动、价值、原则和预期的一致性。公司坚持道德价值和责任，保持自身的健全和纯粹。

　　资料来源：斯坦福哲学百科，http：//plato. stanford. edu/entries/integrity（2009. 10）

　　CBC 将一种返璞归真的方法浓缩表述为"教你的公司重返本真（回到最开始的时候）"，这个观念获得了社区的认可，也激励了公司的员工。它令员工注重细节、夜以继日地工作、身在他方心系公司并且投身于对社区有价值的事业。在过去的几个月中，数家银行都开始"精打细算"① 起来，如此又加剧了危机。节俭是自给自足的特点，尤其是人们将责任采购和资金分配单方面联系起来的时候。在 CBC 里，工作是社交网络的另一方面，一家遍布大街小巷的银行通过鼓励客户参与不断发展的银行德行建设中，以此对客户承诺如何管理他们的资金——这一点是最重要的。在 CBC，社会人促使经济人转变为不可分割的一分子（homo dictyous）。

---

① 如希腊银行管理者 George Provopoulos 所说。http：//www. enet. gr/？i ＝news. el. oikonomia&id ＝97433（希腊）。Paul Krugman. The Banks Are Not All Right. NY Times op－ed, 2009－10－18, http：//www. nytimes. com/2009/10/19/opinion/19krugman. html（2009. 10）。

第八章　GLS银行：成功的可持续发展

伊娃·施瓦尼斯

《小型合作银行的业务形式也可能适用于其他金融机构》，这是《南德意志日报》2008年8月的报道。《鲁尔新闻报》的报道是《GLS银行在不断成长》。2008年秋天至今金融市场的所有信号都显示出不安和危机，但德国GLS银行的客户需求却在突飞猛进地增长。比如在早些年相同的时间段里银行每周要处理2 500个来电，而在危机爆发之后，来电数量就增长到了5 000～6 000个。

近几年该银行有20%的年增长率，但在危机之年的2008年，它在资产负债表上记录的总增长量超过27%，也因此在其历史上首次突破10亿欧元大关。而GLS的存款量和贷款量也相应增长了25%。GLS不断延续着它的成功，在2010年又实现了37%的增长。

这种不断取得成功的基础是什么呢？德国的投资者显然很有思想，他们不会一味追求高回报而是再三调整自己的目标。越来越多的投资者想要了解自己的投资对实体经济具有怎样的社会和生态影响，也想对自己资金的用途有个说法。这种想法是大有裨益的。

首先，金融危机令人们猛然间意识到投资所产生的影响以及金融和实体经济脱离的后果。人人都知道金融业的巨额亏损，也知道全球有大量金融机构受到波及。"大而不倒"的定律也不总是成立的。投资者对银行越来越不信任。客户都在质疑用"以钱生钱"的方式追逐最高额回报的做法，对于这种做法普通百姓是难以理解的。他们觉得自己没有被合理告知，他们要弄清楚银行把自己的钱投资到哪里去了。

其次，越来越多的人认为自己要负起责任。面对着社会问题和不断变化的气候问题所带来的挑战，人们也想以更加负责任的方式进行投资。有机食品、绿色电力以对社会和生态负责的方式生产出来的服装，这些商品的消费者数量在稳步增加。"健康又可持续的生活方式"（LOHAS）也将金融投资的可持续性考虑在内。投资者将自己的投资视为推动社会可持续发展的杠杆，有的人还将其视为政治立场的表现。

目前的情况很明朗，客户和投资者对银行长期的信心只能建立在得到货真价实的银行产品的基础之上，而这只能通过业务透明化的方式，使消费者在知情的状况下作出决定。这种决定会将投资的社会、环境和金融方面都纳入考量范围内。另外，对社会、生态、环境的可持续发展投资的需求明显在不断增加。GLS 的产品恰恰填补了银行业的缺口。

GLS 银行的历史

GLS 银行成立于 1974 年，但是它的起源可以追溯到 20 世纪 60 年代。其时律师及人智学者威廉·恩斯特·伯克霍夫（Wilhelm Ernst Barkhoff）与别人相约共同推进生活和商业新形势。他们的工作主要是为农业、教育和治疗教育项目融资。

早在 1961 年，Gemeinnützige Treuhandstelle E. V. c（今天的 GLS Treuhand e. V.）就在德国波鸿成立了，以捐款捐物资助社区项目。1967 年 Gemeinnützige Kredit Garantiegenossenschaft eG（GKG）作为公共事务、农业和商业项目投资银行而成立。之后，1974 年 GLS Gemeinschaftsbank eG（今天的 GLS）成立了，它重点为生态、社会和文化项目融资，比如华德福（Waldorf）学校①、得墨忒耳（Demeter）农场②以及房地产项目。

————————

① Waldorf 教育（也称作 Steiner 或是 Steiner Waldorf 教育）是一种人道主义的教学方法，它的理论基础是奥地利哲学家、人智学说奠基人 Rudolf Steiner 提出的教育哲学。
② Demeter International 是生态动力农业的认证机构。相应地，Demeter 农场就是通过生态动力农业认证的农场。

　　2003 年上半年，GLS 银行接手了陷入困境的奥科银行。这使它增加了位于法兰克福和弗莱堡的两处网点，也扩充了它的产品，包括现金账户、可持续建设融资，还包括社会和生态投资基金。2008 年，GLS 银行在柏林和慕尼黑新开了两家支行，这样，它在德国的七座城市（波鸿、柏林、法兰克福、弗莱堡、汉堡、慕尼黑和斯图加特）都设有网点。

资源利用的透明化和可持续化

　　1974 年 GLS 银行成立的时候它是全球首家全面服务于社会和生态的银行。其业务活动宗旨是长久致力于社会的可持续发展。GLS 银行将资金视为在社会中达成目的的手段。在此之上，它将所有的业务活动全部集中于服务，将消费者的个人利益和社会的社会生态利益联系起来。这满足了一些人的要求，他们希望在财务增值之外还有非物质的增值，只有在符合某种业务和项目专门的严格条件时才能得到资金，在生态、社会和文化领域方面都服务于社会目标。

　　从经济角度来看，银行的功能包括作为汇兑和资本中介支持实体经济。GLS 银行瞄准那些核心业务——存款和贷款交易。从依靠储蓄产品进行的现金账户服务、资产管理到养老金和融资，德国 GLS 银行提供了最具综合性的可持续银行产品。与它现有的 7.3 万家客户一起，银行目前着手于超过 6 600 个有前景的企业和项目，包括可再生能源、生态农业、生态建筑融资、天然食品、独立学校和幼儿园、残障人士便利设施以及房地产项目。

　　GLS 银行实用主义的概念包括不同于德国国内做法的全面透明化，也包括开放的沟通策略。该银行以透明的方式使用资源，使客户了解授信的企业和项目：它一般会在自己的客户杂志《银行镜报》（*Bank Spiegel*）上发布所有的新增贷款，详细介绍授信的机构、贷款金额和贷款用途。如此投资者就能够始终了解自己的资金投向。GLS 银行从客户开立现金账户开始就为其提供机会来决定自己的资金投向。这样一来，客户就能够为社会的某些特定领域提供帮助。GLS

这个透明化的典范不会只对投资者公开信息，任何人都能在银行网站上对它的自有投资进行监督。

为了将可持续的行业、企业和商业活动同不可持续的区分开来，GLS 银行设置了严格的正反面筛选标准。15 条否决标准中涵盖了不清洁的能源、武器和童工。该银行拒绝同与这些方面有染的企业合作，符合标准是贷款的前提条件。这些标准同样适用于银行的自有投资。为了保证投资组合的最高质量和一贯的可持续发展，GLS 银行采取了两步骤调查程序。为此，它先与评估机构合作，公司的分析报告中除了经济方面，还有生态和社会标准。基于评估机构的评估，GLS 内部投资委员会仔细核查哪些业务能够纳入 GLS 的投资组合。委员会由内部和外部的专家组成，他们一年碰面几次，对投资组合进行常规监控。

说到严格执行透明化和银行可持续发展，GLS 银行对这方面的概念十分清晰。它为投资者决策提供了完备的基础，也使 GLS 银行的交易有据可循且能够评估。另外 GLS 银行还有高度的保护措施，比如危机时期的核心投资标准。GLS 的地方合作银行（Volks - und Raiffeisenbanken）担保计划的会员身份又巩固了它的保护措施，该计划为存款提供全额担保，GLS 还严格排除投机性交易。

GLS 银行现有 1.75 万家会员，按照合作化的形式进行组织，坚持以联合和可持续的方式管理业务。每个会员都有共同决策权和知情权。银行和会员间保持着活跃的交流，例如将交流作为年会的环节之一。会员制、共同决策权以及立场坚定的客户和员工造就了今天的 GLS 银行。

GLS 银行还包括了 GLS Treuhand e. V.，它为基金捐赠事项和 GLS Beteiligungs 提供建议。GLS Beteiligungs 以封闭式基金和参股的形式为新成立的、可持续化管理的公司提供资本金。

新型银行产品

纵观 GLS 银行的历史，它尚在早期时就频繁地关注社会问题。

在 20 世纪 70 年代中期，GLS 建立之时就开发出了针对社会和公共事务项目的特别金融工具。在所谓的贷款和互惠社区（loan and gift communities）以及保证贷款的帮助下，GLS 以特别优惠条件来提供贷款，只收取成本价。这里的成本涵盖了人力成本和材料成本、最低利率和一小笔补充款项来覆盖信用风险。这种做法是行得通的，因为 GLS 银行的客户会将利息部分或全部拿出作为投资，按照 GLS 的安排用这些利息支持市政建设和社区方面的项目，比如独立的学校或者治疗教育设施。在从业的 37 年里，GLS 银行以这种特别的融资方式促成了数以千计的项目和动议。

20 世纪八九十年代 GLS 银行更为关注生态问题，它是德国再生能源融资的先锋之一。它在 1991 年设立了首只风力基金，GLS Beteiligungs AG 设立了可再生能源封闭基金并管理至今。

近几年 GLS 银行还在社会上推行一些创造性的激励措施。德国劳工和社会事务部在 2010 年 1 月设立了微型信贷基金来改善初创企业和微型企业的资本渠道。这项任务被指派给 GLS 银行来实施，这能够促进微型信贷在全国范围内发展。GLS 银行提出的理念是建立在与当地微型金融机构合作的基础之上，为初创企业提供建议和帮助。该计划成果卓著。

社会激励

为了扩大社会影响，GLS 通过同一区域的各种协会、机构和银行建立起全球网络，GLS 时常与这些协会和机构就目前的发展和项目进行沟通。通过该网络也通过积极的报道、公共关系或者是参与研讨会和讲座，GLS 银行始终在促进社会和政策的讨论，以此来襄助社会的可持续发展。

作为德国绿色银行领域的品质引领者，GLS 银行也影响着欧洲其他非传统银行。它是全球银行价值联盟（Global Alliance for Banking on Values）的创立成员之一，该协会创立于 2009 年 3 月。要求更高的透明度、要求为实体经济的融资业务而放弃纯投机性金融交易，GLS 银行及其成员银行对这些问题作出了很好的回答。最终，这个由数家国际性的可持续发展银行组成的协会定下了自己的目标，那就是共同创造一个社会、生态、经济可持续发展的市场来取代眼下危机肆虐的金融市场。除了 GLS 银行，这个国际化协会的成员还包括 BRAC 银行（它是 BRAC 集团的一部分，也是世界上最大的微型金融机构，总部位于孟加拉国）、意大利 Banca Etica 以及荷兰的特里多斯银行。这些银行全都致力于实现最高的社会和生态价值，它们的存款量总和超过 100 亿美元，在 20 个国家拥有 700 万客户。

除了全球银行价值联盟，GLS 银行还是国际社会经济投资者协会（INAISE）的会员，该协会成立于 1989 年，是由社会和生态金融机构组成的网络。协会的目的是交流经验和信息，同时广泛传播可持续发展投资的理念。

另外，GLS 银行还与 300 多家非政府组织、德国联邦部门、农业部门、高等教育机构和地方政府保持合作。它支持世界未来理事会的活动，该机构建立于 2007 年，积极从事可持续发展的、负责任的活动，将自己视为未来一代的代言人。

公司可持续发展

与核心业务相呼应，GLS 银行的可持续发展战略涵盖了内部的社会和环境标准。2010 年，银行贷款总额的近 60% 分配给了社会性质的企业、项目和活动。银行自视为完全的社会性企业，近几年也因为它体贴员工的企业文化而获了一些奖项：2007 年 GLS 银行因其人力资源政策和员工发展而获得了最佳奖。也就是说该银行位列德国 12 家最佳中型企业用人单位。在此之外，2008 年它还荣获"北莱茵河—威斯特法利亚关爱家庭企业"称号。GLS 银行的宗旨是"我们的工作氛围称得上彼此间坦然真诚，我们在各尽其才的结构功能层级之间展开平等的对话，我们管理风格的启示得自于人的全面发展"。

GLS 银行目前约有 273 名员工，其中 32 名是培训人员，12 名员工有严重的残疾。随着企业发展，2010 年银行又录用了 6 名新员工。人力资源政策特别关注工作与家庭兼顾。约 60% 的员工和 30% 的管理人员是女性。不论收入多少，每位员工的每个子女每月都可享受 220 欧元的儿童津贴。银行还特别看重员工发展，2010 年，银行投入了 41.6 万欧元用于培训和高级培训。

银行的薪酬结构由董事会和员工共同制定。薪酬包括基本工资，也考虑了专业经验、发挥的作用和社会情况。以奖金形式发放的员工绩效报酬不包含在工资中。GLS 银行因而可以保证不会出现利益冲突，而且这是最高程度地以客户为导向。

说到保护环境和气候，GLS 银行通过对生态项目和业务的贷款分配将影响最大化。2010 年，贷款总额的约 40% 进入生态领域。然而生态可持续发展也意味着稳定而持续的发展以及银行生态经营的最优化，这靠的是自然资源消费和温室气体排放的最小化。GLS 银行从 2007 年开始每年进行一次独立的认证程序（该项程序名为"阻止气候变化"）。这项综合性义务的一部分就是稳步改善二氧化碳排放平衡并在此基础上通过创新和投资进一步减少排放。GLS 银行的所有办公场所都使用绿色电力，而位于波鸿的总部大楼楼顶上还安装了光伏系统。员工出差通常都乘坐火车，而且银行还为员工提供公务自行车。至于办公材料、技术和改建项目，GLS 注重的则是环境的兼容性，有时也会寻求外部专家的帮助。在这些综合手段之下仍不能避免的碳排放，银行会通过购买碳排放额度来解决，这些措施使 GLS 成为气候中性企业。

GLS 银行为个人和企业开发了有助于保护气候的产品，可以计算出客户的"生态足迹"，这使减排措施成为可能，也平衡了不可避免的排放。

可持续也是成功因素

商业再也不能忽视可持续的概念了。这个概念也进入了金融领域并且日趋重要。正如 GLS 银行所展现的，可持续发展成为一种竞争优势。该模式由实实在在的、透明化的、安全的产品构成，产品当然也产生市场收益。这个例子说明银行业务的整体可持续化不能只靠理想主义和变革社会的强烈愿望。社会和生态的可持续发展显然也是未来经济发展的关键。这不仅是对银行业而言——看看 GLS 银行低于行业平均水平的信贷违约率就知道了，所以说可持续发展也是取得经济成果的因素。

从事银行业就意味着不仅要负起经济上的责任，还要承担社会和生态责任。凭着社会和生态之路，GLS 银行回答了目前许多人关心的问题，即贫困危机和气候变化。有赖于它的产品，消费者能有机会承担起责任并朝着可持续发展社会的方向努力。客户数量增加证明它的战略是正确的，尤其是在危机之时。银行在 2008 年有大约 6.2 万家客户，到 2011 年 6 月就已增加到 10 万家，并且客户数量还在继续增长。GLS 银行鲜明地反映了时代精神。

第九章 印度工业信贷与投资公司（ICICI）：新兴经济体中的新兴银行

拉达·R. 夏尔玛　菲利普·亚伯拉罕

2008 年 9 月，印度储备银行（RBI）发表了一项罕有的声明："ICICI 银行及其外国分行资本状况良好。"[①] 这项声明概括表达了印度中央银行对印度最大私有银行的信心。两天后，ICICI 再次向所有股东重申它在海外市场的敞口有限且都很健康。410 亿卢比的健康收益、充足的资本金、稳健的企业管理框架成就了 ICICI，而此时印度其他的银行还一门心思关心着美国的金融危机。印度在国外市场的敞口风险不大，最为人所知的就是印度最大的公共银行印度国家银行对雷曼兄弟 500 万美元的敞口，而该行主席很有信心收回其中的六到七成。[②]

这正好是陷入全球信贷危机导致全球经济衰退的时期。这次危机导致金融创新、宽松的信贷条件、错误的风险定价、缺少有效预测之间的恶性循环，危机导致机构倒闭，国家和全球经济的疲弱。在这个混乱的时代，一些银行不仅存活了下来，而且活得更好。本书对印度银行体系、环境因素、宏观经济政策以及这些因素对印度最大的私营银行 ICICI 银行的作用进行概括性介绍和分析。

---

① India central bank supports ICICI Bank on its financial health. 2010 – 01. http：//www. nytimes. com/2008/09/30businessworldbusiness/30iht – icici. 1. 16580531. html.

② http：//sify. com/finance/icici – bank – is – extremely – health – kamath – news – default – jegwTCjhefi. html（2010. 01）.

印度：经济概览

印度是一个联邦民主共和国，有 28 个邦和 7 个中央管辖的联合辖区，这个多元的、多语种的、多民族的国家是世界人口第二大国、领土第七大国。1 万亿美元规模的 GDP 使它位列第 12 大外汇市场，购买力排名全球第四。服务业、工业和农业分别占到 GDP 的 55%、27% 和 18%。

印度 1999 年开始自由化的市场经济改革。改革包括外国投资和外汇管理制度自由化、取消工业管制、显著降低关税及贸易壁垒、金融业改革和现代化、调整政府货币政策和财政政策，促进经济繁荣并保护知识产权。但 1995 年初《经济学人》却认为"经济还存在诸多限制而无法有效发挥它本该具有的作用"。

印度的银行

为了深入分析 ICICI 的作用，读者需要大致了解一下印度的银行。印度的银行业产生于 18 世纪早期，印度大银行（General Bank of India）成立于 1786 年。历史最悠久的银行是印度国家银行，1806 年 6 月在加尔各答成立，时称"孟加拉银行"。到 20 世纪，随着其他银行的成立，市场也逐渐拓展开来。比如 1895 年在拉合尔成立的旁遮普银行以及 1906 年在孟买成立的印度银行——这两家都是私有银行。20 世纪初，印度经济经历了一段相对平稳的时期。距离印度最早争取独立已经过去了 50 余年，而它也已经建立了社会、工业及其他基础设施。印度的银行业由几家带头银行掌控，也就是孟买银行（Bank of Bombay）、孟加拉银行（Bank of Bengal）和马德拉斯银行（Bank of Madras）——这三家银行后来合并组成印度皇家银行（Imperial Bank of India），在 1947 年印度独立时更名为印度国家银行。

印度独立后，银行业监管经历的主要阶段：

- 1948 年，作为印度中央银行的印度储备银行实现国有化。
- 1949 年实施了《银行业监管法案》，赋权给印度储备银行"监管、控制并检查印度的银行业"。
- 《银行业监管法案》提出除非有印度储备银行的许可，否则不许开设新的银行，现有银行也不许开设新的分支机构，并且不允许两家银行有共同的董事会。

然而尽管有这些准备金、控制和监管要求，印度的银行（除了印度国家银行）仍由私人所有和经营。直到 1969 年 7 月 19 日几家主要银行的国有化才改变这种局面。

20 世纪 90 年代早期印度政府开始实行一项自由化政策，给少数几家私有银行发放牌照，这些银行就是被大家所熟知的新一代科技型银行，就比如全球信托银行（Global Trust Bank）（首家新一代银行），它后来与商业东方银行（Oriental Bank of Commerce）、UTI 银行（现更名为 Axis 银行）、ICICI 银行和 HDFC 银行联合。这种变化连同迅速发展的印度经济推动了印度银行业的发展，银行业的快速发展很大程度上受益于三类银行：政府银行、私有银行、外国银行。目前印度有 88 家计划商业银行（SCBs），28 家公有银行（联邦政府持股），29 家私有银行（没有政府股份；可以上市，股票在交易所交易）以及 31 家外资银行。这些银行以超过 5.3 万家分支机构和 1.7 万台 ATM 构成银行网络，其中占主导的是公共银行，占有 75% 的银行资产。

关键区别：公共政策与消费者

国家经济取决于两个因素：公共政策和消费者。印度的消费者很强势，他们掌握着市场。有效的公共政策能够引导消费行为，这就是经济危机期间印度有别于全球经济之所在。在美国，可支配的房地产收入并未增加，但财富却在增长，因此导致支出出现不匹配的增长。结果就是住房贷款与可支配收入之间的比率上升，该比率从 2000 年的 103% 上升到 2007 年的 139%。[1] 故而美国的消费者有消费空间,花的比赚的多,这种消费模式推动了全球需求。随着次贷危机爆发、房地产泡沫破裂,美国的金融机构出现流动性紧缩,无力再满足它的消费者。全世界都仰仗着美国消费者,当他们没有如预料的那样进行消费时,美国经济就逐渐滑入衰退的深渊。所以说,引起经济危机的根源使格林斯潘时代美联储的货币政策所带来的全球不平衡加剧,因此经济危机就伴随着全球衰退。

然而在印度,稳健的公共政策和稳定的消费者都帮助国家远离危机。在 2007 年经济危机之前,2000 年到 2008 年印度的 GDP 增长率达到了空前的 8.8%,同时还保持了低通胀率。增长的主要因素在于符合国情的公共政策,这些政策创造了投资。印度的宏观经济政策试图达到三个目标——增长、低通胀和国际收支平衡。有效的国际收支平衡使印度对全球危机造成的外部冲击保有回旋的余地。与西方世界不同,印度国内储蓄率从 2001～2002 年度的 23.5% 增长至 2007～2008 年度的 37.7%[2],而投资也随之增加了。与西方消费者相比,印度消费者能够确保支出与可支配收入保持一致并维持高储蓄率。因此,1994～1995 年借款的增加占到总资产增加的 26%,而 2008 年只占到 24%,这就显示了印度消费者整体的稳定性。[3]

与世隔绝的印度银行系统

当贸易、资本和恶化的信心冲击实体经济时,印度的银行开始检查自己的金融储备,却发现大多数金融资产不论直接还是间接都并未暴露于横扫世界的金融危机之中。少数几家受到影响的银行也并不严重。2008 年 9 月雷曼事件之后,印度金融系统开始寻找流动

---

① http://www.brookings.edu/~/media/Files/rc/papers/2009/0615_economic_crisis_baily_elliott/0615_economic_crisis_baily_elliott.pdf (2009.12).

② http://rbidocs.rbi.org.in/rdocs/Speeches/PDFs/DGSC290909.pdf (2010.01).

③ http://in.biz.yahoo.com/070314/21/6daga.html (2010.01).

性。共同基金处于投资者抛售压力之下，此时无数双眼睛都在盯着
印度储备银行这家中央银行，它运用资金、激励手段和提升信心的
政策来救市。印度储备银行的诸多政策增强了卢比和外汇的流动性，
也确保了金融体系的流动性。十多年来，印度中央银行发挥的作用
都是建议、掌控和监督信贷资金，在信贷质量上从不妥协让步。值
得注意的是，印度所有的银行都服从于印度储备银行的政策，这使
印度的银行免遭金融危机的破坏。

ICICI 银行：简介

1955 年印度政府在当时的印度工业金融公司（IFIC）之外又成
立了印度工业信贷和投资有限公司（ICICI），这也是世界银行倡议
的结晶。根据规定，ICICI 并非银行机构，它不能办理零售存款业
务，也不被要求遵守银行业流动性储备的要求。ICICI 以优惠利率从
几家多边机构借入资金并用这些资金为大公司提供贷款，目的是为
大型工业项目融资。ICICI 也是印度首先在国际上融资的几家公司之
一。1956 年 ICICI 首次分红，股息率 3.5%。它于 1961 年获得了首
笔来自于西德复兴信贷银行的 500 万德国马克贷款。1967 年 ICICI
首次发行金融债券，溢价发行融资额达 6 000 万卢比，ICICI 在 1994
年改制成为银行机构。

ICICI 银行的宗旨如下：

• 保持高水平的管理和高标准的道德。希望大家都认同组织有
效性的五大支柱：价值、理想、理性、正直和诚实；

• 提供高品质、世界级的产品和服务，成为被消费者青睐的
银行；

• 在充分发挥印度潜能方面发挥积极作用；

• 拓展全球业务；

• 保持健康的财务状况，在业务和地域上保持收入多样化；

• 积极为业务所在地国家和市场作贡献；

• 为股东创造价值。

管理哲学：实用主义

以消费者为中心是 ICICI 银行自 1994 年以来一以贯之的理念。1996 年卡马特（M. V. Kamath）接管了 ICICI，之后他对公司安排了很明确的愿景和任务。他设想依靠大量便捷、亲善的银行策略将印度中产阶级变为目标群体，这些策略会打造出银行业全新的服务水平并由此在消费者的认知中创造出市场机会。有远见卓识的银行家看到了零售银行业中的机遇，ICICI 的策略和产品唤起了正在成长壮大的中产阶级的需求。

卡马特的策略主要围绕着五个平台：员工、银行技术、银行服务、价值和便捷性。作为印度私有银行的先驱，ICICI 无先例可循。银行一直在围绕服务市场的 7 个"P"不断创新模式，创造出了服务质量的衡量标准，即可靠、负责、同理心、具体化的最高标准，由此改善了银行业的服务水平。基本的管理原则就是风险承担的分散化和授权，并从中汲取经验。人员各司其职，通过跨级别的奖励和认可来鼓励个人发展。最重要的是 ICICI 的业务以出色的技术、低成本的渠道、便捷的流程为消费者提供了超值的服务。ICICI 在资源和资本上都绝对有实力进行系统扩张。与它发展的理想相一致，ICICI 下工夫在全国和海外设立分支机构。如卡马特所描述的："如果我们要在未来 5~8 年时间内达到世界级的规模……我们就要构建起一个发展框架——一是要稳扎稳打，二是系统地发展，三是要进一步开放银行业，让全球的参与者进入。"

卡马特起草了一份积极的发展计划。1999 年，ICICI 在纽约股票交易所上市——它是印度首家走上 ADR 之路的金融机构。ICICI 的 ADRs 在纽交所以 14 美元的价格发行，比 11 美元的发行价溢价超过 27%。卡马特还有一手并购战略。在并购战略下产生了诸如 ITC Classic Finance 和马图拉银行（Bank of Madhura）这样的收购案。还有如 ICICI 个人金融服务有限公司、ICICI 资本服务有限公司这样的子公司也是缘起于同样的并购战略。

ICICI 银行打算实施双管齐下的扩张战略：

一是以无穷的科技力量迅速渗透进印度农村市场，二是推动海外扩张。ICICI 的联合管理总裁拉丽塔·古普特（Lalita Gupte）的期望是 ICICI 跻身世界顶级银行之列。为了开发新市场，2002 年 ICICI 在纽约和伦敦开设了分理处，2003 年在加拿大设立分行并与 Loyds TSD 在英国联合投资。在新加坡开设了境外银行机构，在迪拜和上海设立了代表处。① 银行在国际上的地位也为它留住了那些本要向跨国机构寻求国际融资的客户。

卡马特梦想在印度创造出一家国际性的银行，能够为不同层次的客户提供完善的金融服务。它是首家将农村地区纳入服务范围的银行，在技术的支持下，利用与跨国机构和当地农业机构的合作关系，ICICI 开始挺进印度农村地区的微型银行业市场。卡马特还将交叉销售引进 ICICI 的银行系统，他认识到一些业务繁忙的客户有所不便，故而使用了直接销售代理的方式，代理人能够方便地与客户接触，分析客户的预期并展开会话。这不仅帮助 ICICI 宣传了个性化的银行业务，也改变了印度银行业的轨迹。

卡马特阐述了应对变化带来的挑战所需的关键领导力因素："面对未知的世界，谁能作出最迅速的反应，谁就拥有未来。"②

ICICI 的环境

ICICI 一直引以为荣的是它在飞速发展的印度金融业中灵活的政策以及它遍布全国的具有艺术之邦特色的网点布置。ICICI 的主要优势在于庞大的人才库、成套的产品、雄厚的资本基础、广泛的客户关系和强大的品牌特许经营权，以技术为支撑的网点分布和银行的

---

① How Kamath Built ICICI into a Global Giant. 2010 – 01. http：//www. rediff. com/money/2007/jun/09icici. htm；http：//www. thehindubsinessline. com/2005/09/24/stories/2005092402330800. htm（2010. 01）.

② http：//www. thehindubusinessline. com/praxis/pr0304/03040160. pdf（2009. 12）.

全面发展都没有忽略农村这个社会不发达地区。尽管主要从事的是零售业务，ICICI 仍将它的视野拓展到保险、公司业务和风险资本等其他领域。2007 年它公开发行 50 亿美元股票，这桩印度有史以来最大规模的公开发行使 ICICI 成为国内最具价值的金融机构之一。股票的总购买量超过 250 亿美元，比印度 2006~2007 年度 FDI 总量还要高。申购的资金不仅来自于国内，也来自于世界各地。[①]

卡马特是这样描述网络革命对印度的影响的："网络消弭了距离和时间"。他了解网上银行业务的好处，也明白网上银行业务可以满足特定领域的便捷性需求。而在 1999 年，银行还面临着来自电信公司、传媒公司和任何拥有大型数据库和网络的公司的竞争威胁。这种威胁并未使其他银行产生触动，但卡马特知道他必须大胆迈开步子，他带领 ICICI 开展了网上银行业务并取得了成功。[②]

企业文化

ICICI 的文化天生具有企业家的气息。银行相信能够从企业现有的员工中培养出领导者。ICICI 的企业文化是精通技术、无等级限制和赋权。独立决策权是发掘每个员工潜能的关键所在。与此相配套的是强大的绩效管理体系，这种体系建立了精英教育模式，工作效率高或有潜力的员工会获得相应的回报。ICICI 集团筛选出核心人才，他们会作为带头人建立自己强有力的团队，这个体系一直很成功。ICICI 还为排名前 5% 的人才创建了明星系统，他们能拿到更多的奖金。[③] 在这种理念之下，ICICI 成为新一代领导者的培育基地，培养了像 V. 威德亚纳森（V. Vaidyanathan）、桑迪普·巴克希（Sandeep Bakshi）、内查科特·莫尔（Nachiket Mor）、钱德拉·科赫

① Business Leader of the Year：K V Kamath. 2009 - 12. http：//economictimes. indiatimes. com/artcleshow/2429981. cms.

② How ICICI Changed. 2009 - 12. http：//us. rediff. com/money/2005/feb/09bspec. htm.

③ http：//www. iciciareers. com/faq. htm（2010. 01）.

哈（Chanda Kochhar）、N. S. 卡南（N. S. Kanan）和拉姆库马
（Ramkumar）这样的人才。但随着员工人数从 2003 年的 7 000 人增
长到 2009 年的 30 000 人，企业整个发展过程就需要结构性的转变。
从以 CEO 为中心的模式转变为发展领导能力的制度化程序，这个过
程已经持续了六个年头。ICICI 的文化是绩效导向的，全方位地回馈
给每一位员工，员工之间也互相分享。另外，透明、开放、诚信、
敏锐察觉他人的需要、真诚地关爱他人、拥护领导者，这些都是
ICICI 文化的关键。

ICICI 银行：在低迷经济中稳扎稳打

由于 ICICI 在英国的子公司与雷曼和美林有所牵连，2008 年 9 月
它的股票下挫 15%。投资者在 ATM 和银行柜台前排队提款，不论银行
还是投资者都人心惶惶。《印度时报》办公室的电话被担心自己资金
的 ICICI 客户打爆。卡马特取消了他的欧洲之行，他向投资者保证银
行的流动性充足，指责谣言是"蓄意且毫无根据的"。印度中央银
行——印度储备银行也对 ICICI 施以援手，向储户保证银行流动性充足
且已对储户所需的现金量作出了安排。[①] 不到两周人们的恐惧就平息了。

而 ICICI 仍旧关注西方的经济萧条。ICICI、印度国家银行
（SBI）和旁遮普银行（PNB）是少数几家持有雷曼兄弟、美林、
AIG 债券和衍生品头寸的银行。ICICI 的联合管理总裁和 CFO 钱德
拉·科赫哈告知媒体 ICICI 的头寸不到英国子公司资产的 1%，且不
到 ICICI 总资产的 0.1%。这说明 ICICI 的董事会非常清楚自己敞口
的风险状况。

ICICI 15.6% 的资本充足率处于大型银行中的最高水平，更比监管要
求的 9% 高出许多。ICICI 2008 财年的税后利润达到 415.8 亿卢比（超过

---

① ICICI Bank wallies, Says Depositors' Money Safe. 2009 – 12. http://
timesofindia. indiatimes. com/Business/Financial _ position _ strong _ ICICI _ Bank/articleshow/
3543836. cm.

8.5亿美元)，2009年前9个月则达到了301.4卢比（6.19亿美元）。

ICICI 在金融危机中的思路转换

由于金融危机的缘故，ICICI决定保守经营，保持警惕，更加细致地评估风险。董事会一致决定公司政策由"重增长、重绩效"转变为"稳扎稳打"。这个转变在经济放缓时期是明智之举。银行在新的侧重点之下停止收购经营机构，着手评估自己的零售贷款组合，组合资产从65%收缩至52%。它还削减了国外市场总值达7亿美元的信贷衍生品和其他债务敞口。

这种转变也显现在银行2008年的年度业绩报告上，报告显示ICICI的CEO卡马特的绩效奖金下降了22.4%①，彼时银行已经不再招聘新员工，它开始寻求组织机构改组，这向股东发出了明确的信号，银行受到来自国际环境的压力而采取了积极的改革措施。

ICICI 的企业管理

ICICI一直推行最高水平的企业管理，从一个包含了道德、企业德行和同行中最佳合规表现的体系中衍生出自己的企业价值。透明、公平、公开、负责是董事会工作的核心。同行业中的业务操作在许多方面都有标准化的方法，但在管理、未来目标和客户价值前景上却千差万别。

ICICI的董事会由行内推举出的专家组成，他们掌管着公司。卡马特在他的人才管理系统之下激励了一批人才，比如总经理兼CEO钱德拉·科赫哈、行政主管桑乔伊·查特吉（Sonjoy Chatterjee）、副总经理桑迪普·巴克希以及其他深谙银行经营的管理者。他们在金融和银行领域的专业技能可圈可点。董事会成员定期在孟买班德拉

---

① http://www.livemint.com/2008/07/08235518/Bonus-cut-for-top-brassat-ICI.html（2010.01）.

库尔拉碰面并每季度回顾经营情况。

ICICI 开启了企业管理的最佳实践，ICICI 董事会职责健全，它也依靠指定的委员会履行职责，比如审计委员会、管理和薪酬委员会、消费者服务委员会、信贷委员会、风险委员会、股份委员会、申诉委员会以及违约监控委员会。这些委员会在维护股东利益的宗旨下开展工作。在管理框架中有三个部分紧密相关——风险管理、高管薪酬和公司的社会责任。

1）ICICI 的风险管理：ICICI 的风险管理分为三个方面：信用风险管理、操作风险管理和市场风险管理。信用风险由信用风险合规与审计部（CRC&AD）进行管理，该部门评估交易中的信用风险，也通过行业分析进行资产组合下的评估，回顾每个行业以进行更好的资产组合分析。市场风险管理是风险管理活动的核心，ICICI 的风险敞口多种多样，像股权风险、利率风险、流动性风险和汇率风险。市场风险合规与审计部评估、测试并审批市场风险管理方法，每一次的产品创新都要经过测试。操作风险归审计委员会管理，主要在于贯彻政策措施以及适当的公文管理等方面。风险管理由 CEO 亲自监督实施，全体委员会经常会面以决定风险和回报之间的比率。

2）ICICI 的高管薪酬：在印度，私有银行和外国银行高管的薪酬受制于两个系统。首先董事会成员的薪酬由银行自行决定，然后要上报给印度储备银行的金融稳定部门。印度储备银行对每家私有银行和外国银行高级管理人员的薪酬了如指掌。这个系统杜绝任何工资上的巨大差距并且在最大程度上保护股东利益。管理和薪酬委员会了解企业高级管理人员的薪酬状况。薪酬包括绩效奖金和股票期权两部分。最大私有银行的 CEO 在 2008 年拿到了大约 162 万卢比，而当年银行净利润超过 400 亿卢比。在这样的宏观形势之下银行仍决定保守经营，在撰写本文之时董事会决定不发放 2008～2009 年度的股票期权和绩效奖金。

3）企业社会责任（CSR）：ICICI 的企业社会责任目标是建立强健高效的社区，每个人在其中都可以谋生、拥有学习的机会并能够回报社区。企业追求强有力的"三维"政策，也就是利润、人和参与。ICICI 银行有限公司的社会活动小组（SIG）有一项工作就是使贫困人群中最贫困的一部分人有能力参与到更大的经济环境中。该小组筛选并支持社会活动，这些社会活动意图打破糟糕的健康和营养状况的代际循环，保证必要的儿童早期教育和学校教育，还包括基本的金融服务。因此，通过促进幼儿教育、全民基础教育以及微型金融服务渠道最大化，ICICI 银行相信它能够使穷人有能力参与到更广泛的社会经济中去并由此促进国家的全面发展。ICICI 开展了革命性的农民金融计划来扶持农业综合企业，间接对印度的 GDP 作出贡献。它与政府合作进行各种福利计划，这些计划并未受到危机的影响。

作为共享式增长措施的一部分，ICICI 创建了 ICICI 基金会（www. icicifoundation. org）。ICICI 集团的金融综合措施包括微型金融、生物识别卡运用、商业函电模式、微型保险以及微型系统投资计划。笛莎金融咨询的服务在区域内是免费提供的，服务包括消费者的金融教育、信贷咨询和负债管理。

ICICI 将利润的 1% 用于基金会的活动，比如以其绿色政策来保护环境。它相信今天的"绿色一小步"都会发展成更加环保的未来，而我们中的每个人都能为更美好的地球出一份力。

ICICI 意识到教育对生活品质的重要性，它打算通过"阅读榜样"计划来教育一大批儿童。因此 ICICI 银行的政策和实践——传授银行知识给学校里的孩子、印度农村地区的创新措施以及为约 350 万贫困人口提供贷款渠道——充分证明了它是负责任的企业公民。

所以说银行业价值和道德的核心原则就是 ICICI 的管理原则，这在企业管理活动中得到了明显的体现。表 9 – 1 做了对比。

表 9 – 1　　　　　　外国银行与 ICICI 的管理实践对比

受金融危机影响的外国银行	印度 ICICI 银行
注重资产负债表	关注资产负债表之外的因素
排斥环境的改变	接受环境和条件
基于理性和基本经济框架作出核心决策	基于理性、经济和监管框架作出核心决策

　　　　　　　　　　　　　　　　　　　　　续表

受金融危机影响的外国银行	印度 ICICI 银行
风险管理	
忽视内控和增长的流动性需求。	坚持内控、流动性需求以及合理增长。
宏观信息难以有效汇聚到董事会，例如更大规模的衍生品和 CDO 头寸使其无法对 2007 年横扫全行业的流动性危机预先作出反应。	相关信息有效汇聚于董事会。董事会决议服从于印度储备银行的指导，即使海外分支机构也是如此，因此较少暴露于高收益的衍生品和 CDO 风险之下。
追逐高风险的意愿超过服从监管的意愿，违背了流动性规范。	遵守流动性规范，保持比规定的要求高 5% 的流动性。追逐风险的意愿在服从监管之下。
高管薪酬	
支付给全体员工的薪水与银行的收益、文化、价值环境和长期目标不匹配。	支付给员工的薪水是基于制定好的、稳定的人才管理系统，与环境和长期目标相匹配。
薪酬决定于收入。	薪酬决定于资本成本和利润。
高管薪酬由银行自行决定。联邦政府没有严厉的监管措施。	高管薪酬由银行决定，受监管当局印度储备银行的监管。
几个头脑人物的薪酬占到薪酬总额的 4%～6%，与股票高度相关的薪酬水平导致短期的"羊群效应"。①	ICICI 头脑人物的薪酬约有 70% 与股票期权相关，另外还要由银行具体认可。2007 年绩效奖金约占到总薪酬的 27.11%，而 2008 年和 2009 年都为零。
高管薪酬部分预付，因此股利就相应减少了。	高管薪酬无部分预付。

结论

　　50 多年前 ICICI 由印度实业家、世界银行和印度政府建立，它被视为印度第一家发展银行。它的历程不仅是成长，更是蜕变：ICI-

---

① Nestor Advisors. 2009.

CI 由发展银行变革为企业，继而成为零售银行，满足了大众挑剔的需求。上表给出的对比分析展示出 ICICI 的不同之处使其能够对抗全球金融危机的风暴。

最后，价值和道德搭建起坚固的企业管理框架，培育出求变的、有德行的领导者，这些都帮助银行在金融危机中崭露头角。所以说，不仅是公共政策和消费者，还有坚持人本原则的成功的企业管理框架使得 ICICI 银行成为大型新兴经济体中名副其实的新兴银行。

第十章　人民联合银行

阿努杰·甘加哈

康涅狄格州的布里奇波特名不见经传，虽然它是首家赛百味的所在地，而说它是飞盘的发源地也颇有根据，然而在 2009 年的初冬，它却成为美国诸多处于经济痛苦之中的工业城市的典范。

出租车无所事事地在地铁口排成长龙——乘客都选择乘坐省钱的公共交通。多层停车场里上班族的车子比平时少了很多，失业从华尔街蔓延到布里奇波特。二十郎当岁的失业者们怨气冲天，扎堆坐在海滩上闲扯。但是在这幅令人失望的惨淡景象（阴天尤其如此）背后没准就隐藏着金融危机中最大的成功传奇。

火车站对面就是人民联合银行（People's United Bank）的总部，这家有 167 年历史的企业与它的同行们分享了如何成功驾驭金融危机的经验。人民联合银行是总部位于新英格兰的规模最大的地方性银行机构，资产超过 200 亿美元，约有 300 家分支机构遍布于康涅狄格州、缅因州、马萨诸塞州、新罕布什尔州、佛蒙特州和纽约的威彻斯特郡。人民联合银行为个人和公司客户提供客户服务、商业服务、保险、零售投资、财富管理以及信托服务。

这家银行是金融危机中不折不扣的成功传奇之一，也是目前国内资本状况最好的地方银行之一。它素来远离各种令其竞争对手深受其害的有毒产品，它在危机中的业绩也一贯地稳定，少有同侪能够望其项背。

成功的秘诀

塞缪尔·霍利（Samuel Hawley）于 1956 ~ 1975 年出任人民联合

银行的总裁兼 CEO，他奠定的道路使银行顺利渡过最近的金融危机。在他执掌公司的时候曾说过："我们银行创立之初的目的就是鼓励节俭，另一个目的是谨慎管理个人金融行为——如此，受益的是储户自己，也因此会令其生活的社区受益。银行一直坚持着这样的哲学：那些能够促进繁荣和提高生活质量的事物同样会惠及我们所服务的群体。"他的继任者们也都坚持这样的原则，人民联合银行在此次金融危机中的表现就是对这种原则的支持。

在 2009 年第三季度的最近一期季报中，人民联合银行披露其净收入为 2 680 万美元，也就是每股 0.08 美元，比第二季度 2 530 万美元（每股 0.08 美元）略有增加，但还是低于 2008 年第三季度令人印象深刻的 4 600 万美元，当时许多银行都在经受金融危机最严峻的考验。2009 年第三季度平均有形资产回报率 0.55%，平均股东权益回报率 3%，相比之下第二季度只有 0.53% 和 2.8%。2009 年 9 月 30 日，人民联合银行财务的账面权益比率达到 18.6%。2009 年第二季度人民联合银行公布的净收入为 2 740 万美元（每股 0.08 美元），而 2009 年第一季度为 2 670 万美元，2008 年第二季度为 4 300 万美元（每股 0.13 美元）。2009 年第二季度的收益反映了利差压力，它与历史性低利率环境、公司的资本敏感性资产负债表以及弥补联邦存款保险公司特别评估费用的证券收益有关。

人民联合银行公布的 2009 年第一季度利润突增了 77%，但它解释说自己并未完全免受衰退的影响，因为这个数据缺乏市场对利差压力和利息收入下降的评估。一位来自于瑞杰金融集团（Raymond James）的分析师安东尼·波利尼（Antony Polini）当时告诉路透社说，除去更高的利差压力，公司的经营成果还是很稳定的。波利尼说，"它们的信贷质量在国内居于前列，它们的资产负债表稳如磐石。在利率提高之前，或是通过并购或增加资产来发挥资本的杠杆作用之前，它们就打算保持低水平的收益"。

在近两个季度，或者从更大的范围来看，在整个危机期间，公司业绩表现的诸多推动因素之一就是信贷业务中贷款量的持续增长，这说明它不同于其他银行，它的业务不仅没有停滞，反而在家庭和个人最需要的时候为他们提供贷款。公司取得这样的业绩还有一系列其他原因，比如危机初现时的高资本化水平以及业内最健康的流动性。它的信贷质量也要优于许多有相似规模和特点的银行机构，因为它在不景气的年份经营总会留有余地。社区是人民联合银行的主要支柱，这家传统机构的根源还完好保存着。

1842 年，该银行确定立业宗旨是为布里奇波特地区的工人提供储蓄账户，在西康涅狄格州它是首创。在此之前只有富人才能享受银行的储蓄和贷款服务。在布里奇波特建市 6 年之后，始创者们建立了这家银行。当时初创者们似乎就明白为了社区建设，工人们——不仅仅是大额资金的存款人——需要一个安全的地方来存钱。

人民联合银行及其子公司和各个部门为整个新英格兰地区的非营利机构提供金融支持，人民联合银行还有志愿服务的传统，这是有目共睹的。银行的企业文化表明它的传统、它今日的宗旨以及 21 世纪的计划都在延续其初创者的做法——"投资于我们所服务的社区"。

执掌人民联合银行

人民联合银行的 CEO 菲利普·谢林汉姆（Philip Sherringham）并不是一位墨守成规的美国地方银行领导者，他曾在巴黎、伦敦和纽约求学并在诸多金融机构供职。[①] 正因此，他将全球化的管理视野引入看似基础的地方工作之中。2003 年，也就是谢林汉姆进入人民联合银行之前，他是洛杉矶联合加州银行（United California Bank）的行政副总裁兼 CFO。早期他曾于 1991 ~ 1993 年出任加利福尼亚格兰戴尔市富达联邦银行（Citadel/Fidelity Federal Bank）的 CFO，更早之前的 1989 ~ 1991 年他在洛杉矶加州联邦银行（CalFed Inc. /California Federal Bank）担任财务主管。谢林汉姆拥有巴黎大学学士学

---

① 除非另作说明，所有菲利普·谢林汉姆的言论都来自于作者和谢林汉姆先生 2009 年 11 月 24 日的访谈。财务数据来自于季度公司收益公告以及 SEC 的文件。

位和巴黎高等商学院硕士学位。他还完成了由纽约大学、伦敦商学院和巴黎高等商学院合作开展的国际管理项目学习计划。

说到公司的成就，尤其是在全球经济危机的这两年里的成就，谢林汉姆列举出一系列关键因素。其中不可或缺的一部分就是他本人以及管理层的人生态度。他说："管理层表现出色，企业才能出成果。你得问问自己在哲学层面是如何看待这个世界的，而我们又是如何看待银行业务的。初来乍到我就尝试着推广某些常识性的原则，这些原则告诉我们应该如何运作一家地方性银行。"他认为"在常识上的巨大失败"是目前经济萎靡的主要原因。"银行家们表现出像旅鼠般可怕的从众行为。"

这里他指的是次贷危机，危机的根源是银行家们对同行只知盲目模仿却不实际考虑长远的战略。银行向无力偿还贷款的客户授信，而其他的银行也就跟着这样做，雪球效应最终导致全球衰退。

服务于人民、依靠于人民的银行

人民联合银行能够免于重蹈令其竞争者深受其害的覆辙，部分原因是谢林汉姆决定按自己的方式思考、走自己的路。他说："我颇有独立的劲头。别人看到大家扎堆就立马想要加入，而我总是视其为雷区。"他补充道，这种决断始于对公司优劣势实事求是的估计以及对公司未来的清晰规划。密切关注银行业务的界定因素，这一点至关重要。

"对于我们而言，银行业务的范畴绝对不包括管理大规模的证券组合。在股本或抵押债券的管理中，我们能够创造什么样的附加价值？我们什么也创造不了，所以从我接管公司之后就很快退出这个领域了。"这样一来，银行迅速结束了证券业务，并与此同时发展贷款组合。这个举措看起来并不是在瞎折腾，但是 2003 年开始实施的时候这绝对是天方夜谭。"有人说我们需要证券组合来保持流动性，但实际上在许多情况下不存在流动性问题，流动性是基于借款而言的。我们顽固地认为银行就应该注重某些东西。"依托于各类子公司，银行提供经纪业务、金融咨询服务、投资管理服务、基于人寿保险的贷款业务以及保险业务。

变革的成果

人民联合银行由共同持股公司成立，1988 年以每股 1.20 美元的拆分调整价格上市。2006 年，银行转变为联邦特许的共同持股公司，拥有联邦储蓄银行牌照，这为开设新的分支机构、在全国范围内拓展业务提供了更大的灵活性。2007 年 4 月，母公司人民联合金融公司（People's United Financial）完成了从共同持股公司到完全公共持股公司的转变。作为变革的一部分，银行还建立了有史以来规模最大的 6 000 万美元的社区基金，这是变革第二阶段的成果。在整个变革过程完成后，银行于 2007 年 6 月正式更名为人民联合银行。

转变为完全的上市公司至少在某种程度上使银行能够相对从容地渡过金融危机。谢林汉姆也认可这一点。"我认为好人有好运，2007 年初我们大幅增资并受益于此，山雨欲来之时我们的流动性就已坚不可摧。"

但他马上又补充说在这个万幸的时间点上市并加固资本储备不代表银行是全凭运气才顺利渡过金融危机的。"在我方这是一项经过深思熟虑的计划。若要像我们一样从危机中活下来，你就得学会在灾难来临之前找准自己的定位。资本总是越多越好。我们的账面资本水平一直保持在 8% ~ 10%。所以我们可以维持高杠杆并大量借款。而事实是我们并没有这样做，这对我们大有裨益。"

危机之中的疑惑

显然股票市场相信人民联合银行做了正确的选择。人民联合银行没有像它的同行一样被危机拖垮，这说明人民联合银行高层管理人员过去两年的工作不是毫无意义的。谢林汉姆回想起危机中某些时刻所感到的疑惑，比如那些最著名的金融机构传出越来越骇人听闻的新闻。他深感吃惊的同时对众多金融机构未能从危机中幸免也并不觉得奇怪。

"普遍认为众多银行深陷于'完美风暴',对此我并不认同。这是为银行开脱责任。事实是他们没有做好准备。次贷危机本不该发生。对从统计意义上来讲有明显记录表明其无力偿还贷款的人,银行还要为其提供房产贷款,那就要出问题了。"

早期的艰难抉择

在发展的不同阶段银行作出过一些关乎银行存亡的艰难抉择,这些抉择使它相对安全地渡过最近的危机。其中最典型的例子就是2006年当房地产市场开始崩溃的时候银行就迅速停止了抵押贷款业务。这个决定对任职多年的员工以及客户都有深远的影响。这个决定必须要坚持推行下去,因为它是银行避免危机最坏结果的最佳途径。而当银行以这种方式成功地完全避开次级贷款危机时,它还能保有大量基础贷款业务。谢林汉姆说:"利差在减小。我们暂停了自己组合中的原始抵押贷款。事后证明这是明智的举措,因为房地产市场已经开始崩溃。这很艰难,因为150年以来抵押贷款都是我们的核心业务。最初有一些徒劳的抵抗,但是该部门还是被重组。我们要着手为这些贷款寻找买家。"

成功的标准是什么?

坚持这个艰难的决定所耗费的人力成本和放弃这个决定所产生的商业影响,信奉商业人道主义的CEO时常要面对的重要问题之一就是二者间的权衡。在多大范围内能够仅仅以上市公司的股价来衡量成功? 后危机时代是这样一个世界,它注重于股东收益之外的因素,由此带来的好处更显而易见。

有分析家说由于大量之前看似无懈可击的业务在危机中被摧毁,战略思维正在发生转变,回到危机前的老路上就是轻易抛弃了我们本该得到的教训。该分析家说："'成功的标准是什么?'这是你必须思索的一个问题,事实是它并没有标准答案。如果你真的相信人道主义对商业的影响,那就得做好准备在短期内吃点苦头,也许你还得面对惨淡的季度收益数据。但是要对公司长远的成功有信心——在某些领域内达到自己的目的,比如改变社区和慈善捐赠——这与单纯的财务表现同样重要。"

这是一种信仰的飞跃,各行各业都逐渐复原,而商业、金融和其他领域复苏的先后次序似乎发生了微妙的变化。股东对这种"婆婆妈妈"的管理方式是否买账还有待观察。在危机的惩戒效果之下,对于那些相信肯定还有更好的解决办法的人,这种尝试也许就是最理想的方法了。

复苏之路

在2009年11月的演讲中,谢林汉姆认为危机最糟糕的时候大概已经过去了,但我们还没有完全恢复。"政府干预减缓了系统崩溃,但要说真正的复苏,我们还离得远呢。灰心丧气的工人随处可见,消费者显然是美国经济的主要部分,消费没有恢复则一切难有定论。"他也对政府第一时间干预表示了担心,对此的争论由来已久,而事实证明政府是次优的资本配置者。

除了对政府干预的担心,谢林汉姆认为危机本身不仅没有改变他的观点,反而使他坚定决心去全力关注于自己想要银行实现的目标,那就是股东价值创造、盈利能力还有员工在收入方面和专业技能、个人满足感方面实现双丰收以及在地方层面上对更广大的社区有着持续的实实在在的影响。说到人民联合银行的未来,银行相信自己现在和将来都会活跃在并购市场上,因为在目前的美国,它是为消费者和股东服务的资本状况最好的银行之一。

让资本重新发挥作用

2009 年 11 月，人民联合银行的持股公司公布了一项决定性的协议，决定收购金融联邦公司（Financial Federal Corporation）股权，现金交易价值约为 7. 38 亿美元。人民联合银行希望这宗交易能够显著提升 2010 年的营运收益并获得远高于 20% 的内部收益率。金融联邦公司有大量超额资本，因此估计交易会对人民联合银行的行业领先资本水平颇有助益。预计交易会在 2010 年第一季度完成。金融联邦公司在设备贷款业务方面居于领先地位，这意味着对人民联合银行业务条线的有益补充，尤其是对银行的设备融资子公司人民资本与租赁公司（People's Capital and Leasing，PCLC）而言。在不稀释银行资本充足率的情况下，这宗交易产生了丰厚的收益。

谢林汉姆指出："这宗交易为人民联合银行带来新的机遇，使我们能够以遍布全国的有建树、有经验的员工来提升高收益的设备贷款业务。根据业内刊物《监测者》（Monitor）的数据，我们的合计利润在美国银行设备贷款业务中有可能排到第 13 位。"金融联邦公司的 CEO 保罗·辛西默（Paul Sinsheimer）则认为该交易使金融联邦公司能够获得来自于人民联合银行存款的低成本资金，从而充分提高公司的增长潜力。"相称的信贷文化是又一个积极因素，金融联邦公司的核保策略与人民联合银行相呼应，业务重点是担保贷款（担保贷款业务中，贷款人基于某些资产或抵押品而放贷，从而免于遭受损失），所有交易都有保障，看重中间业务市场，为客户量身定制需要的产品。"

谢林汉姆还说："我们相信自己获得了一家极具吸引力的公司，它能让我们在混乱的市场中占领市场份额，还可以获得发展所需的大量资本……另外我们还有机会继续更充分地参与进我们国家基础设施更新换代的大潮流中。"人民联合银行通过参与基础设施建设，所带来的好处，就是银行能够将自己的信贷业务活动融入发挥重要的社会管理功能的活动中去，从而使更广泛的社区受益而不仅仅局限于自己的员工和客户。人民联合银行与金融联邦公司的并购以及未来几个月内的其他并购，背后的意图都是在不放松核心业务的同时实现增长。

摩根士丹利的分析师肯·泽比（Ken Zerbe）说2008年市场并没有因为25亿美元的超额资本和干净的资产负债表而肯定人民联合银行，特别是当他的同行们正经历着严重的信贷问题。这部分超额资本目前已经通过金融联邦公司投入运转，进一步的收购也成为可能。在尝试持续关注审慎贷款这一核心业务的过程中，谢林汉姆从花旗集团的经历中看到借鉴之处。"它的业务遍布全球，令人印象深刻，但是它却忘了自己资本水平低下。花旗完全把资本这回事抛到脑后，有个六年级数学水平的人都可以保证花旗不会走到这个地步。"

2009年11月24日无处不在的吉姆·克莱默（Jim Cramer）在他的《疯狂金钱》节目中发表评论，他对这宗交易和人民联合银行评价颇高："人民联合银行永远不会失败。这太酷了，这桩收购案相当明智，回报丰厚。它是全美国最保险的银行。我们应该祝贺而非诋毁它。"

前景

随着银行近期财务结果的公布，谢林汉姆在业绩电话会议上说，经历过整个衰退周期，公司相信自身的资产质量在绝对数和相对数上都会有显著的增长，大多数坏消息都已经成为过去。"尽管由于资产的敏感性，我们已经做好准备从未来的升息中获益，但目前的利率环境仍然对净利差造成很大的压力。在我们凭借特许经营权追求原始增长的过程中，我们的战略重点依旧是伺机收购进而扩张自己。我们的资本和流动性、资产质量和收益，再加上几乎全部由存款和股东权益构成资金来源的资产负债表，这些力量令我们有别于大多数同行。"

财务以外的标尺

人民联合银行财务上的成果令每一位股东备感欢欣，而它在其他方面也相当成功。2009 年 5 月，在全球市场咨询服务公司 J. D. Power and Associates 颇具影响力的零售银行满意度调查中，人民联合银行的客户满意度在新英格兰地区名列首位。谢林汉姆说："我们全公司上下都达成一致，总是要超越消费者的预期。在 J. D. Power and Associates 的排名中获得第一固然成绩喜人，然而最大的欣慰是我们一直在消费者心目中占据独一无二的位置。有他们的支持和信赖才有我们的成功。"顺利渡过次贷危机之后，人民联合银行仍然以为当地居民提供可负担得起的住房为本，它当前的业务就是佐证。

除了由房地产贷款部门开发和销售的银行抵押贷款产品，人民联合银行还积极参与州和联邦的项目，帮助中低收入家庭实现购房的目标。抵押贷款信贷员可以接受来自相应地区消费者的抵押贷款申请。销售支持团队也为银行从业人员、房地产机构和公众提供培训和研讨会，他们希望形成一个更合理的体系来创造更安全的房屋所有权。

为购房者咨询计划——就是为大家所知的"开启购房可能"——开发可负担的抵押贷款项目，在这个过程中人民联合银行深入参与消费者和社区的住房需求。公司的一位发言人说他们是在基金会建设这项伞形计划下创造出这个任务的。它包括社区再投资贷款池并与康涅狄格州中心城市、医院、企业和康涅狄格州住房融资当局建立伙伴关系。

银行还与州内的非营利机构合作，比如非营利贷款基金，还有像西南康涅狄格住房共同基金这样的团体、地方活动支援企业以及社区发展企业。人民联合银行也投资于以社区发展为主要目标的企业。

银行的发展投资组合包括小企业融资贷款资金和经济适用房开发，还包括低收入家庭住房税收减免计划。银行也直接投资于慈善事业，或者是向从事社区发展或经济适用房计划的机构进行捐赠。根据公司网站所载，它"一直在想办法满足企业主的借款需求。我们的社区信贷部门强化了我们行改善地方经济、支持小型企业的任务"。有数据为证。最近一个季度平均商业银行贷款总额增加了 5.03亿美元，商业房地产贷款总额相应增加了 4.65 亿美元，平均设备融资贷款增加了 1.72 亿美元，平均商业贷款下降了 1.34 亿美元，部分抵销了上涨的幅度。2009 年 9 月 30 日共有国家信用贷款（shared national credits loan）总量为 6.14 亿美元，而 2008 年 12 月 31 日该数额为 6.84 亿美元。

人民联合金融公司在接下来的两年到三年有序放开共有国家信用贷款组合。住房抵押贷款均值比去年同期下降了 5.52 亿美元，这反映了人民联合金融公司出售几乎所有新增住房抵押贷款的决策。因此住房抵押贷款量预期会持续下降，直至公司重新将这类贷款添加进产品组合中且达到能够盈利的程度。消费者贷款均值增加了1.93 亿美元，其中包含了 1.9 亿美元新增的平均房屋净值贷款（home equity loan）。

2009 年第三季度人民联合金融公司以 3.08 亿美元的摊余成本出售了住房抵押债券，随后又投资于期限和收益都大致相等的住房抵押贷款债券收益。采取这样的投资组合重置可以缓冲预付风险，它也产生了 480 万美元的证券收入。2009 年第三季度银行平均负债融资总额为 154 亿美元，比上年同期增加了 8.45 亿美元。平均存款量增长了 8.44 亿美元，其中有 0.85 亿美元的无息存款、6.27 亿美元的储蓄存款和货币市场存款以及 1.32 亿美元的定期存款。2009 年第三季度以及上年同时期，存款都构成了负债融资资金的 98%。

人民联合银行还与政府贷款担保计划合作，投资于非营利机构，比如像社区经济发展基金和布里奇波特增长基金，这种投资可以让小企业起步并发展壮大。人民联合银行还提高政府仅有的一项周转贷款资金，目的是为有生理残疾的人们购买"辅助技术设备"。看看它在股价之外的表现，人民联合银行与许多同行一样充分融入当地的社区，不仅仅是为其业务所在地的居民提供好工作，它正成为一股向上的力量。

与社区同在

人民联合银行的一位发言人说公司相信自己所服务的社区是最大的资产之一，正因如此他才与那些了解社区需求的机构合作并对其投资。"人民联合银行现在对社区发展浓厚的兴趣体现在大量的合作计划和项目上。不论是健康服务小区、艺术中心、中心改造计划还是经济适用房计划，人民联合银行的信贷人员都时刻准备着提供资源和帮助以实现社区再建、改造和翻新。"这样的变革关注的不仅仅是社区和眼下的问题，也着眼于那些能够传承人道主义、为下一代进行社区基础管理的人们。"护苗伙伴"（Governor's Prevention Partnership）是一家服务于康涅狄格州儿童的非营利机构，最近人民联合银行获得了这家机构颁发的领袖奖。

这家扎根于布里奇波特的银行因为十年来对个人和公司的领导力和支持而闻名，特别是在指点出路和制止欺压行为方面。"护苗伙伴"致力于培养健康的未来劳动力，这靠的是杜绝暴力、未成年人酗酒和吸毒而且具有指引意义的领导者。正好布里奇波特也在筹划着长久的复兴，它最成功的企业之一就要忙于总结过去的经验，比如从一次颇有所获的危机中得到的启示，比如为员工、消费者和更广大的社区而工作。一家银行如何在注重银行业务的同时成为向上的、社区改造和国家复兴的新力量，这就是精髓所在。

第十一章　ShoreBank：携手改变世界

菲欧娜·S. 威尔逊　　詹姆士·E. 波斯特

导语

　　ShoreBank 不同于人们印象中的银行。在 37 年的历程中，它已经成为一个榜样，展示了一家基于市场的机构在适宜的环境下是如何审慎而有效地实现社会变革的。1973 年，四个怀抱理想主义的商业合伙人建立了这家银行，ShoreBank 成为有责任感的社区投资的楷模，也是一小部分改变世界的进步商业领袖意志的体现。ShoreBank 激励了几代具有社会意识的企业家，可是梦想的力量却从没使它隔离于银行业的现实和更大经济环境中的种种怪现象。在 ShoreBank 的几乎整个发展历程中，它确实竭尽全力在变幻莫测的行业中成为社区投资的积极力量。ShoreBank 并非常胜不倒，但是在 37 年间的大多数时候，它总能凭借机敏的管理组合、令人叹服的使命以及先进的商业实践来获得成功。而 2008～2010 年引起经济海啸的大衰退使 ShoreBank 深陷泥潭。这是自大萧条以来最严重的一次银行业危机，要在其间坚持自己的使命、文化与核心价值既需要超乎寻常的银行业务技术，也需要股东坚定的决心，而 ShoreBank 作为新经济体系中的社区发展力量得以存活。2010 年夏天，ShoreBank 为坚持自我而挣扎求生的努力告一段落。ShoreBank 的历史会传承下去，它也成为一段梦想和成功的传奇。

奠基：先锋社会资本

作为社会企业家，罗恩·格茨温斯基（Ron Grzywinski）的职业生涯有着与众不同的起步。早年他替 IBM 工作，向银行销售电脑，后来他进入了芝加哥的海德·帕克银行（Bank of Hyde Park），成为这家银行的总裁。他在职期间设立了颇具成效和创造性的城市发展部门，主攻少数小企业贷款计划。他兢兢业业，后来又与米尔托·戴维斯（Milto Davis）、吉姆·弗莱彻（Jim Fletcher）和玛丽·霍顿（Mary Houghton）这三位志同道合的芝加哥同行成为朋友。[1] 社区实践主义的背景使他们对 20 世纪 70 年代早期内城的经济繁荣保有激进的看法和负面的评价。商业行为引发的都市衰朽让社区和市民都付出了沉重的代价，比如将许多社区拦在信贷门槛之外的歧视标准。据玛丽·霍顿所说，他们四位认为仅靠非营利组织的力量远不足以解决这个问题。非营利经济发展组织力量已经被削弱了，原因是它们肩负重任，忙于发放补助和其他捐赠以履行使命，每日自顾不暇。同时，70 年代的美国正经历着滞胀的十年，高失业率和高通胀在城市中营造出对立矛盾的商业环境。

四位奠基人深切关心的是颠覆内城这种情形，为那些社区的大部分边缘人口创造更大的经济繁荣。作为拥有专业素养的银行家，他们知道"银行作为变革的中介所具有的公信力和重要性"。他们开始有了一个大胆的想法——成立一家能够带来社会变革的永久地方性营利银行。

格茨温斯基回顾了 20 世纪 60 年代末他们事业的起步期，他说："做到这样的成绩是因为我们不断告诫自己……（投向社区发展的捐款和慈善基金方面的）竞争已经很激烈了，我们要尝试以我们在某种程度上能够掌控的私人资金去实现社区发展。"受到这个早期想法的鼓舞，格茨温斯基在 1969 年离开海德·帕克银行，加入芝加哥大

---

[1]　Milton Davis 与 Jim Fletcher 已过世。

学的阿德雷·史蒂文森学院（Adlai Stevenson），在那里他可以将资源都投入于一种新机构的概念研发，这个新的概念被称作"社区发展银行"。就在格茨温斯基、霍顿和其他人为理想努力的时候，国会通过了《〈银行控股公司法案〉1970年修正案》。监管银行控股公司的美联储发布了一系列共六项可为行为，"与银行业务密切相关"。六项行为中的最后一项内容说的是，如果银行控股公司的初衷是为了中低收入人群而发展社区，那么就可以投资于社区发展公司。

玛丽·霍顿则说："这使我们拓展了思路，从运用银行到运用银行控股公司。"控股公司的想法囊括了银行业务和其他补充银行业务的营利或非营利业务，这些业务会为社区带来积极的经济发展。银行控股公司的概念在内城边缘社区的社区重建方法上具有综合性。格茨温斯基解释说他们的核心思想是创立一家在财务上可以自立的营利机构（不同于众多他们目睹过的非营利机构依靠政府和基金会捐赠而生存）并创造出一种组织形式来作为相关非营利业务的依托。

创业小组最后反问自己：假如联邦储备委员会愿意银行控股公司投资于社区发展企业，他们真的会让银行控股公司成为社区发展企业吗？就像格茨温斯基说的，这是"我们思想上的突破……我们的意图是检验这个想法并使之可操作"。大概一年以后，美联储对自己的监管作出解读，允许该团队继续推进在当时算是激进而具有创造性的关乎社区发展方式的想法。

团队在南部海岸国家银行（Bank of South Shore National）寻找到企业载体，这家银行由于所服务的地区经济环境恶化而破产。1972年，团队开始筹钱购买这家银行。最终团队以225万美元贷款加上来自于几位私人投资者、两家教会和几家基金会的80万美元股本买下了这家银行。1973年8月，在罗恩·格茨温斯基组建的发展企业买下了南部海岸国家银行之后，新的银行开始正式营业。不久以后，米尔托·戴维斯和玛丽·霍顿成为银行员工。后来银行又被重新命名为ShoreBank，而控股公司也更名为ShoreBank公司。

在公司官方网站中提到的"公然允许种族和收入歧视的那些年"，ShoreBank的愿景就是"为了显示一家正常的营利性银行能够帮助那些被其他金融机构嫌弃的社区焕发生机"。最初他们的目的不仅仅是小地方的社区发展，他们还要创造一种可以复制的模式，要成为地方社区的催化剂。就像霍顿说的，这个团队"正试着说服他人来对比非营利机构，以银行控股公司的模式做这类工作可以实现更大的规模"。在格茨温斯基看来，他们的目的就是"利用一切的银行资源来重点发展所有出现恶化征兆的边缘社区"。

37 年来社区发展的使命都是 ShoreBank 的核心任务。根据 2007 年的年报，ShoreBank "用投资所创造的经济繁荣、健康的环境还有自己的财务业绩来衡量成功"。不同于其他银行，ShoreBank 很清楚自己业务的重心是"一贯缺乏经济投资的市场、社区和个人"。这个愿景和使命的中心是个人获得经济上成就的基本权利，以及个人经济上的成就最终对于社区发展这种社会变革的作用。

1973～2008 年的模式和方法：迥异于一般的银行

成为主流银行系统的组成部分——业务受到联邦监管且有存款保险——是模式的核心所在，它给了 ShoreBank 某种玛丽·霍顿称之为"市场环境中的巨大公信力的东西，客户因此相信他们一迈进银行大门就会受到平等的对待"。同时 ShoreBank 的所作所为也与传统意义上的银行截然不同。

ShoreBank 创造了一种基础模式来将市场利率下的存款转变为发展信贷，借此发展商业，或者是为居住、零售商店和社区组织翻新或建造楼房。然而按照格茨温斯基在 2008 年的一次谈话中所指出的，"我们的与众不同之处在于我们一直关注于使不能平等参与社会活动的人群获得信贷"。这句话的意思就是 ShoreBank 的重心是全心全意地运用银行资源，将其聚集起来，为被主流银行忘却的低收入社区项目筹集贷款。

运用营利的银行来专门服务于社区的经济发展，格茨温斯基是这样表述由此带来的多重效果的："商业银行要紧的事情之一是我们能够实现的贷款规模。"商业银行在致力于经济发展方面与非营利机构最大的不同之一就是银行能够通过存款、同业和其他贷款来运用资本杠杆，这使 ShoreBank 显著放大了股本的作用。正如格茨温斯基所说的，ShoreBank 每年都在进行关乎自身使命的投资，投资量接近其资本金的四倍，这是它的年度投资目标比例。

专注于地方的理念也是银行的经营模式和改变世界理论的奠基。渐渐地，ShoreBank 在阿肯色州、克利夫兰、底特律和大西洋西北沿岸地区拓展了银行业务。但是在最初的几年，银行的注意力只放在芝加哥某几个社区。根据霍顿的描述："南海岸的第一个社区是唯一被指定在首个十年拥有优先权的社区。"她还指出："我们的目标是切实扭转房地产市场的颓势并促进市场发展。假如当初我们没有集中全部力量而分散一部分贷款用于更广泛的地区，我们就不可能真正改变市场的特质……这条原则帮助我们在这些年里做出了实实在在的成绩。"

控股的 ShoreBank 公司凭借数家营利和非营利机构来达成自己的使命，这些机构为地方企业家提供高风险贷款、技术帮助和咨询服务，或者是投资于其他相类似的银行机构。将非营利附属机构作为整个控股公司的一部分而又独立于营利的银行，这个想法是该模式的核心所在。霍顿说："我们憧憬的是银行和非营利机构共处于同一个市场：它们各有分工，又有交集，有时还会合作。但总的来说，在市场上我们有多种针对企业家的产品和工具。"

最近几年 ShoreBank 通过向国内外其他地方的负有使命感的机构提供帮助来推广自己的模式。推广模式的目的是促进社会的转变，并展示这个为穷人提供银行服务的新模式。

要行动，不要空谈：实现梦想

行动胜于坐谈，想办法去做想做的事，ShoreBank 就是表率。透过审慎而着意的决策，银行的领导层在各个方面贯彻强化了核心社会责任。

举例来说，ShoreBank 社区发展的核心使命极大地影响着它的核心贷款业务。霍顿说，他们传递给信贷员的信息就是"对于每一个贷款申请，他们都必须询问贷款是否有利于社区的长期健康，而不只是关心这笔贷款是否能成为银行的盈利资产。假如说对社区的长期健康有利，我们就会要求信贷员尽力设计贷款促成这桩业务，使它能达到银行的标准，这种态度与传统银行筛选贷款的方法大有不同"。她心里很清楚这并不意味着 ShoreBank 变成了"最后贷款人"，银行还是要寻找社区中最成功的企业家和投资者。但霍顿也说："你确实需要极力说服他们解决难以从小企业管理局（SBA）或政府那里获得信用增级的问题，或者是寻找一些合适的、非常规的抵押品，二者都行。"还有"我们鼓励人们来办理小额贷款，如果他们对社区有益的话，我们不会像其他银行那样主要为最重量级的客户办理大额业务"。

从注资以来到 2010 年，ShoreBank 的股票由将近 70 家股东牢牢握在手中，其中包括宗教机构、非营利和社区组织，还有保险公司、银行、其他公司及个人。2008 年，格茨温斯基说明了这个资本和股权结构方面的谨慎决定意味着"到目前为止 ShoreBank 所有的投资者都充分理解了他们投资的主要目的是谋求发展而非资本回报最大化"。

霍顿认为很显然某些战略决策在使命责任和财务回报之间难以两全，但这并不矛盾："我们的董事会总是高度关注使命责任……董事们不会敲着桌子说因为你损害了财务利益所以禁止这样那样的做法，董事会努力让自己的选择符合公司使命的选择。管理层也是如此，没有人赞成老一套的做法。这就是个不争的事实，我们在二者间取舍。"同时霍顿也说，公司很清楚为了达成使命，自己必须生存下去，所以公司也"从不会选择真正低于正常财务业绩的业务"。她描绘了这样一个情形，人们"一直以来都能够从各个方面理解，相比于最大化的回报，我们更喜欢稳健的回报……因为我们的目的是达成使命"。

ShoreBank 的初衷就是提供能够以新的、更加有效的方式解决社会问题的创新产品。银行网站上将创新表述为核心价值之一，"我们不会将就于这个世界——我们要发掘别人发掘不了的价值。我们创造实用的新工具来改善经济平等状况并营造出更加健康的环境"。在第一个 35 年，ShoreBank 一些产品业务的拓展来自于那些对其事业青睐有加的客户的主动邀约。这是个重要的机遇让 Shorebank 评估对使命责任的符合程度并作出反应。霍顿认为在某些情况下，银行的领导者要在国内其他地方开设银行，而他们对机遇作出应对决策的方式部分取决于"首要动机……所以就要确保这个模式是可以复制的。"银行在芝加哥范围以外最早的投资举动就是在阿肯色州建立了一家社区发展银行，这是应洛克菲勒基金会和克林顿政府的号召，这是个机会，可以"在偏远贫困的地区运用同样的商业模式"。这些年来 ShoreBank 也顺应需求逐渐参与国际市场，但做法却不那么直接，它先建立咨询公司来为当地社会企业家献策。

ShoreBank 的非营利机构金融服务改革中心（CSFI）诞生于一位员工的企业家精神，他颇有兴趣于研究缺乏金融服务的人群获得银行服务的渠道，他看准机会与国内的大银行一道推动议程。霍顿一再表示 CSFI 的设立是"抓住了机遇"。尽管是被动而非积极主动的，她很清楚这个决策包含着对某些事情清楚的认识。首先它提供了"不同的途径来在更大的金融领域内倡导 ShoreBank 的使命……那就是在超大规模银行的产品经理中充当知识信息中介，成为国内的科技公司"。其次，"这项业务带来的好处是为我们在创新领域打开了一扇妙不可言的窗口"，霍顿将其视为裨益是因为在仅凭小银行自身力量的时候，这种创新是很困难的。

首个 35 年：创造社会影响的模型

ShoreBank 要克服诸多困难，而成功也非朝夕之事。几位发起人描述了他们如何在第一个十年的大部分时间努力实现盈亏平衡进而盈利。霍顿说这是因为他们想要降低存款下限来向社区内各个社会经济层次的人们敞开大门。由于低余额的账户数目众多，他们颇花了些时间来解决这些账户的盈利问题。2007 年末，ShoreBank 公司凭借持有的 24 亿美元资产实现了 420 万美元的净收入。2008 年末，格茨温斯基说银行"实现了小幅盈利"，他还说："在过去的 10 年间我们稳步实现了 8% 上下的资本回报率。到 2008 年 12 月，这个 10 年结束的时候，净贷款损失率平均为 0.39%，只比那些接受监管的全国性银行同业略高一点。"

霍顿认为存在一些因素使 ShoreBank 在内城区环境下更难实现有竞争力的资本回报。除了更低的平均存款量，零售银行还在武装安全保卫方面增加了开支。它们的贷款也趋于更小的规模，尽管工作量保持不变，但贷款办理所产生的费用却要低于高收入市场的贷款。她总结说："我们做的所有事情都是为了降低在这样的社区里开展业务而获得的潜在收益……整个董事会都在为低收入人群想方设法，对这种收入层次的人们而言，他们的收入越低花销就越大。"

同时 ShoreBank 也对自己这 35 年来所造成的全面影响颇感自豪。1973 年，ShoreBank 公司是国内首家社区发展银行控股公司，到 2007 年底，它就是国内这类公司中的佼佼者，它的盈利子公司芝加哥银行是美国最大的经过认证的社区发展金融机构（CDFI）。

该银行发展社区的使命不是说说而已，它以关乎使命而进行的投资量来评判自己的成功。到 2007 年底，公司披露了它从注资并为 5.2 万套经济适用房融资开始累计进行的 33 亿美元与其使命相关的投资。在 2004~2007 年的这段时间里，公司披露 ShoreBank 的有效贷款和投资总量的 70% 至少可归于与使命相关的信贷类型之下。

当说到 2008 年末实现的诸多成就中她最为自豪的一项时，霍顿认为是芝加哥南部银行提供融资的房地产市场出现了明显的恢复。"我们对整个非洲裔美国人社区的房地产市场产生了显著的影响。"ShoreBank 国际公司也在六十多个国家提供咨询服务以帮助公司在国外复制这种模式。霍顿估计他们在全球培训了将近 4 000 位银行家，她还补充说 ShoreBank 会对其培训过的人员所在的银行的成果进行跟踪。在谈到 ShoreBank 协助促进的国际社区发展贷款数目颇为可观时，霍顿说："假如国内的耕耘一年创造出 4 亿美元的发展贷款，那么国际间接业务一年就会创造出 10 亿美元。"

霍顿还谈到复制 ShoreBank 所创造的的模式。"我们以一种灵活变通的、循序渐进的方式来切实推广这种模式，以此获得投资于国内外城市和乡村社区的资金。"ShoreBank 有效促进了立法的转变，这一点确实广受称道，它也被推举为社区经济发展的楷模，而克林顿总统的《社区发展银行和金融机构法案》①就是以社区经济发展立基的，该法案创造了这类社区发展机构和金融机构的繁荣。

格茨温斯基在 2008 年末的演讲大概是对 ShoreBank 公司前 35 年成就最好的总结："为了中低收入人群，尤其是少数边缘人群的利益，营利的、私人所有的受监管银行将享受保险的银行存款转化为发展贷款，我们使这种做法合法化了。因此我们也使自己和其他人能够合法使用国家的银行系统来提升发展的动因……从更广泛的角度来看，我们奉献于前人所做的工作，将针对低收入人群的私人非政府信贷普遍大众化，没有这类贷款的话，低收入人群就会处于劣势。而且我们已经在世界许多地方开展了工作。"

大衰退中的 ShoreBank：2008～2010 年

比之所有的成就，2008～2010 年 ShoreBank 经受的一切却凸显出任何理想在面对经济形势涨落时的脆弱性。本节我们将会讨论到 2008～2010 年的大衰退如何对 ShoreBank 造成影响并扰乱了银行 35 年来追求的社区发展战略。

在金融市场的全面崩溃之势显现之前 ShoreBank 就察觉到次级抵押债券市场过热。与早前不同的是，几乎没有金融机构对低收入社区感兴趣，2008 年之前的数年，金融市场相当异常。次债贷款人给 ShoreBank 带来了新的竞争，但这种竞争是以对 ShoreBank 很不利的方式出现在市场上的。现在已经司空见惯的掠夺性贷款——极其微弱或根本不存在的信贷需求、积极的怂恿、言过其实的营销——都

① Richard Taub. Community Capitalism：The South Shore Bank's Strategy for Neighborhood Revitalization. Boston，MA：Harvard Business School Press，1994.

侵入了 ShoreBank 在芝加哥、底特律和克利夫兰的市场。ShoreBank 必须要对严酷的竞争压力作出应对。同时由于 ShoreBank 还想继续推进其社会使命，它在 2007 年发起了"救援贷款计划"。该计划对处于违约风险暴露的抵押品提供了再融资支持，以此来抵御次贷危机导致的芝加哥社区和乃至全国的丧失抵押品赎回权导致的冲击。

同时，银行偏低的财务回报也影响着它吸引成长基金的能力。2008 年 ShoreBank 本打算发行 52 亿美元的额外私人股本用于发展，但最终只发行了将近 3 000 万美元。霍顿说："这证明了即使没有金融危机，我们要募集资本也不容易。以我们目前的回报水平和（使命）战略来说，资本规模真是太小了。"

ShoreBank 直到 2008 年底都还在为客户提供贷款，此时许多银行为了节约资本都已偃旗息鼓。而与 2007 年 400 万美元的净收入不同，2008 年末 ShoreBank 公司披露了 1 300 万美元的净损失。这笔损失主要来自于 4 200 万美元贷款损失准备金（2007 年的贷款损失准备金才 630 万美元），因为银行预计贷款余额的违约率会很高。① 衰退进入第二个年头，监管环境也在变化着。2008 年 9 月雷曼兄弟破产使事态有了难以预料的发展，财政部决定以超过 1 500 亿美元资本援助金融巨头美国国际集团（AIG），这令几乎整个金融服务行业都晕头转向了。随着房利美和房地美的财务崩溃，房地产市场摇摇欲坠，而房地产抵押贷款业务则完全停止了。国会最终通过 7 500 亿美元的紧急援救方案，由此引发的争论既精彩又具有启发性——房地产行业和金融服务业都等着紧急援助来救命，而紧急援助只能凭借问题资产纾困计划（TARP）来解决一部分需求。

金融危机的余威在 2009 年横扫了整个经济环境，制造出恶性循环：房地产市场放缓、建筑业停滞、失业率激增，每月新增失业者超过 75 万人。地方经济承担了危机的伤害，所以社区银行备感煎

---

① Consolidated Financial Statements and Report of Independent Certified Public Accountants. ShoreBank Corporation and Subsidiaries, 2008 – 12 – 31 and 2007, Chicago, Illinois, 2010 – 01 – 29.

熬。工商业客户以及零售客户无力偿还贷款和抵押贷款，因此导致贷款违约，迫使银行放弃抵押品赎回权或是协商减免偿还金额（这影响了银行的现金流）。

到 2009 年中，随着衰退的加重，ShoreBank 开始岌岌可危。就在银行管理对经济危机作出应对之时，ShoreBank 被告知联邦监管机构开始质疑银行贷款组合。出于对所持资产质量缺少资本保护功能、收益率低以及流动性不足的担忧，2009 年 7 月 ShoreBank 同意与联邦存款保险公司以及金融专业监管当局伊利诺伊州分部签署协议书。"禁止令"要求 ShoreBank 增加资本持有量、改善资产质量、提出计划来提高收益和流动性——不然就要永久关闭银行。① 2010 年 1 月 ShoreBank 公司又同意与芝加哥联邦储备银行签署书面协议，内容包括未来公布或支付股息之前应得到预先批准。②

管理团队的深度和成熟程度一直是监管者关注的一个方面。联邦存款保险公司要求银行增加有经验的信贷员和信贷管理人员来处理日益增加的抵押赎回权丧失和问题贷款，ShoreBank 招募了一批有经验的管理人员来帮助处理这些问题。而 ShoreBank 的人事问题则更加棘手，因为格茨温斯基和霍顿都打算在 2010 年退休。2010 年 5 月 ShoreBank 公布了新的管理团队，大家相信这个团队一定能够解决好当前银行业环境的挑战并带领 ShoreBank 达成使命，服务于缺乏金融服务的社区。新的管理团队的形成顺应了 ShoreBank 仅存的两位奠基人格茨温斯基和霍顿退休后有计划的过渡转变。③

在其他同龄人都已经退休的时候，格茨温斯基和霍顿仍兢兢业

---

① State of Illinois, Department of Financial and Professional Regulation, Division of Banking, Springfield, Illinois and Federal Deposit Insurance Corporation, Washington, D. C. In the Matter of ShoreBank, Chicago, Illinois, Order to Cease and Desist, 2009 – 07 – 14, FDIC – 09 – 074 – b2009 – DB – 25.

② United States of America before the Board of Governors of the Federal Reserve System, Washington, D. C. , Docket No. 09 – 172 – wa/rb – hc, Written Agreement by and between, the ShoreBank Corporation Chicago, Illinois and Federal Reserve Bank of Chicago, Illinois.

③ Financial Services Industry Leader Take the Helm at ShoreBank. ShoreBank Corporation Press Release, Chicago, Illinois, 2010 – 05 – 26.

业地工作着。即便他们积极计划着退休，二人还是毫无保留地做着已经从事了 35 年时光的工作：投入全力来维持一家主打社区经济发展的面向市场的金融机构。格茨温斯基以一种近乎神圣的口吻比喻 2009 年和 2010 年为 ShoreBank 筹措新资本的情形，正如在沙漠中永远难以找到水源，筹措资本是现代银行业面临的长期挑战。再没有比在 2009～2010 年筹资更大的困难了，当时的 ShoreBank 是屋漏偏逢连夜雨。整个衰退期间，ShoreBank 的管理层一直与其投资者保持沟通。许多投资者不顾糟糕的经济新闻而继续支持 ShoreBank。这么多年来，由一些看重 ShoreBank 的使命和成就的社会机构出资的"耐心资本"对 ShoreBank 颇有助益。这些投资者不是"酒肉朋友"，但是如果 ShoreBank 想要生存下去，就非得去结交财大气粗的新朋友了。

　　ShoreBank 的高管和董事会成员为了达到监管者的要求并为银行筹集资本而焦头烂额。各地的潜在投资者都得知银行在寻求资本。银行保留了几位咨询顾问的建议，他们在管理团队中加入监管专家。有媒体报道 ShoreBank 加入了普莱蒙特金融集团（Promontory Financial Group），该集团由美国前货币监理署署长尤金·路德维格（Eugene Ludwig）领导。路德维格曾是 ShoreBank 的董事，也是私募股权领域备受尊崇的参与者。① 该报道还称 ShoreBank 聘用了芝加哥地区一位受人敬重的银行家大卫·维塔利（David Vitale）来助其融资。报道开篇就提到了 ShoreBank 的发言人："ShoreBank 在竭力筹措资本……受人敬重的芝加哥银行家、民间领袖大卫·维塔利以及其他老道的顾问，在这些人的襄助之下，我们正在接洽潜在的投资者以尽可能迅速地达成目的。"②

---

　　① Guy, Sandra. Feds seize ShoreBank, new management named. Chicago, Sun－Times, 2010－08－21. http：//www. suntimes. com/business/2621106，feds－seize－shorebank－082010. article.

　　② Guy, Sandra. Feds seize ShoreBank, new management named. Chicago, Sun－Times, 2010－08－21. http：//www. suntimes. com/business/2621106，feds－seize－shorebank－082010. article.

到 2010 年首季度末 ShoreBank 仍然在亏损，但是业绩表现要优于 2009 年末的预测。ShoreBank 公司的牵头银行 ShoreBank 该季度末流动性得以改善。存款总额在 2009 年的水平上有所增加，而相比于上季度（2009 年 12 月末）7.11 亿美元的贷款损失准备金数额，2010 年 3 月 31 日贷款损失准备金正在恢复正常（1.5 美元）。①

媒体报道了 ShoreBank 与美国一些大银行的接洽。关于重大注资的报道是这样的："金融巨头通常都不把苦苦挣扎的社区贷款人放在眼里，但它们对 ShoreBank 可能进行的援助重点在于 ShoreBank 贷款给其他银行避而远之的社区并因此声名远播，这份声誉使它闻达于国家政治领导人。"② 2010 年 5 月中旬，媒体报道 ShoreBank 已经成功筹集到 1.4 亿美元的资本，言称 ShoreBank 获得有力的支持因为它是"在世界社区发展贷款业务中具有历史意义和象征意义的重要机构"③ ShoreBank 的前景开始明朗起来。

与此同时媒体还报道说 ShoreBank 及其潜在投资者都在观望，想看看 ShoreBank 是否能再从财政部的问题资产纾困计划中获得 7.5 亿美元，这笔资金（连同私人资本）是银行完全恢复所必需的。④ 不幸的是，显然到 2010 年 8 月问题资产纾困计划基金可能发挥的作用其实都不存在，从现状中解救银行的长期努力宣告失败。

在长期追寻拯救这家理想化机构的努力之后，2010 年 8 月 20 日伊利诺伊州金融专业监管部门宣告关闭 ShoreBank，该部门指派了联邦存款保险公司作为接管人。同时也公布了联邦存款保险公司与城市合作银行（Urban Partnership Bank）达成了"购买接管协议"，这

---

① ShoreBank Corporation Press Release, Chicago, Illinois, 2010 – 04 – 30.

② Becky Yerak. Friends in High Places' help ShoreBank raise needed capital. Chicago, Tribune, 2010 – 05 – 19.

③ Jeannine Jacokes. Viewpoint：ShoreBank Earned Big Bank Infusion. American Banker, 2010 – 05 – 25.

④ Jeannine Jacokes. Viewpoint：ShoreBank Earned Big Bank Infusion. American Banker. 2010 – 05 – 25.

家新成立的银行接管了 ShoreBank 所有的存款。① 有出版物称新银行的股东包括数家金融机构、慈善机构以及来自芝加哥乃至全国的有社会责任感的个人，而城市合作银行"一级资本充足率至少达到8%的水平，携优质资本进入市场，也具备足够的资本金满足开业前的开支、有计划的成长和整体的资本需求"。② ShoreBank 在芝加哥地区、底特律、克利夫兰的业务并不受影响，还在继续经营，存款人受到充分的保护，客户关系也预期得以维持。

根据银行发言人所述，"城市合作银行将向贫困社区提供金融服务和金融支持以有助于贫困社区转变为健全稳定的社区"。③ 这样看来，很明显 ShoreBank 所肩负的社区经济发展这一最初的社会使命似乎会在新的城市合作银行得到延续。

ShoreBank 公司的主席玛丽·查西岚（Mary Cahillane）说过这样一句话："对社区而言这是重要而积极的成果。"④ 她说："当我们为自己的事业重新融资并维持住 ShoreBank 公司的中西部地区银行（Midwest bank）之时，发现我们行多年来善加服务的社区将会获得一家专注的、高质量的、全方位的社区银行所提供的服务，而这家银行是由高质量的管理团队来领导的，对此我们甚为欣喜。"⑤ 查西

---

① Urban Partnership Bank, Chicago, Illinois, Assumes All of the Deposits of ShoreBank, Chicago, Illinois. FDIC press release, 2010 - 08 - 20. http：//www. fdic. gov/news/news/press/2010/pr10193. html.

② Urban Partnership Bank Rises to Continue Legacy of Community Development. Urban Partnership Bank Press Release, Chicago, Illinois, 2010 - 08 - 20. http：//www. upbnk. com/a-bout - us/news/press - releases/pressid8.

③ Urban Partnership Bank Rises to Continue Legacy of Community Development. Urban Partnership Bank Press Release, Chicago, Illinois. 2010 - 08 - 20. http：//www. upbnk. com/a-bout - us/news/press - releases/pressid8.

④ Urban Partnership Bank to Continue ShoreBank Mission. EON：Enhanced Online News, 2010 - 08 - 20. http：//eon. businesswire. com/news/eon/20100820005856/en.

⑤ Jeannine Jacokes. Viewpoint：ShoreBank Earned Big Bank Infusion. American Banker, 2010 - 05 - 25.

岚还说："我们赞赏城市合作银行成为合格社区发展金融机构的决意。"① ShoreBank 公司的 CEO 乔治·叙尔荣（George Surgeon）也曾说过："ShoreBank 意义在于其分支机构所做的工作、在于更广阔的社区发展金融领域。"② 他也许还应该说明的是，ShoreBank 结束存续之日（2010 年 8 月 20 日）与它的创建之日（1973 年 8 月 23 日）十分相近，它存续了将近 37 年。

ShoreBank 公司的中西部地区银行的核心使命和战略很可能会基于新的所有者结构，但是管理上的变化会要求新的银行在经营方式上作出转变，而只有随着时间推移我们才能知道会发生怎样的转变。

另外，媒体还曝出壹加银行（OneCalifornia Bank）收购 Shore-Bank 公司太平洋西北沿岸子公司 ShoreBank Pacific 而签署股权购买协议的消息。③ 壹加银行与 ShoreBank 有相同的社会责任，它"通过帮助企业创造就业机会和巩固财力来努力为低收入人群创造经济机会"，它的非营利机构壹加基金会以科技协助和金融扫盲计划来补充银行业务。④ 而看似银行最初的社会使命会在新的所有者关系下得到支持并成长。

从持股公司（ShoreBank 公司）这一形式来看，似乎 ShoreBank Pacific 的收购一旦完成，ShoreBank 公司的业务就会逐步减少。尽管其他非银行的营利和非营利附属机构也许可以作为独立的个体支撑下去，但其中存在一点不确定性，即这些机构注定是整个 ShoreBank 公司的一部分，这些独立的机构是否会以某些新的方式再次联合起

---

① Urban Partnership Bank to Continue ShoreBank Mission. EON：Enhanced Online News. 2010 – 08 – 20. http：//eon. businesswire. com/news/eon/20100820005856/en.

② Urban Partnership Bank to Continue ShoreBank Mission. EON：Enhanced Online News. 2010 – 08 – 20. http：//eon. businesswire. com/news/eon/20100820005856/en.

③ Onecalifornia Bank to Acquire ShoreBank Pacific and Provide Growth Capital to Extend Beneficial Banking from California to the Pacific Northwest. ShoreBank Pacific Press Release, Oakland, California, 2010 – 08 – 21.

④ Onecalifornia Bank to Acquire ShoreBank Pacific and Provide Growth Capital to Extend Beneficial Banking from California to the Pacific Northwest. ShoreBank Pacific Press Release, Oakland, California, 2010 – 08 – 21.

来仍未可知。

结语

　　ShoreBank 的经历给了我们一些重要的启示。其一，银行前 35
年的轨迹极具说服力地展示了社会理想和经济观念相融合的可能并
有效地解决了社区发展问题。不可否认的是，银行在芝加哥、克利
夫兰、底特律以及其他市场遭遇了各种挑战，特别是在 2008～2010
年经济大衰退时期，但它还是证明了这种方法是可行的。

　　其二，ShoreBank 创造了一种银行服务模式，这种模式关乎 21
世纪社区经济发展难题、环境可持续发展、微型金融以及国际贸易。
37 年来促进变革一直是 ShoreBank 的中心使命，而正是这一核心的
动力令银行的领导者不改初心，精心设计出一种模式来驾驭主流金
融市场的力量和公信力，在社会变革方面作出明确的指引。在此过
程中，它创造出的环境不论在经济还是社会方面都有利于以市场为
基础的体系的分配公平，尤其是对于那些常被主流市场遗忘的群体
和社区。

　　其三，以先进的、人道主义方式从事银行业，其中的社会价值
在大衰退中并没有被丢弃。只注重国内一些最劣势社区的经济发展，
这种单一的目标或多或少加剧了金融崩溃对 ShoreBank 的影响。与此
同时，银行的核心使命和对社会的影响恰恰使许多主流金融机构和
投资者在新组建的城市合作银行中保留 ShoreBank 的核心社会使命和
业务方式。尽管 ShoreBank 不复存在，但是它的失败产生的影响之一
就是国内一些大型金融和慈善机构已经以社区经济发展的名义进行
大量的"风险"资本投资。这些机构将 ShoreBank 最初的使命和业
务方式在城市合作银行中保留下来也许就代表着对服务于低收入社
区的以使命为导向的银行的最重大的承诺。ShoreBank 可能成为未来
其他形式的社区发展银行业的先驱。

　　ShoreBank 商业模式的价值、它服务弱势社区的经验以及它先见
的政策和实践所带来的声誉都是一种社会资本并很可能会在新成立

的城市合作银行中保存下来。经济衰退和恶劣的政治气候令 Shore-Bank 损失惨重，注定了它的命运。然而它"改变世界"的承诺依旧延续。芝加哥论坛（Chicago Tribune）的一篇社论说得好，Shore-Bank 值得挽救，"有一部分原因是，假如它不复存在，人们也会需要再创造一个 ShoreBank。"①

　　若要就 ShoreBank 对社会思想的贡献作出结语，也许就是 2008 年罗恩·格茨温斯基发表的如下一番话：

　　"我们坚信这些理念越多地以各种方式传播出去……就会有越多的人开始了解。我想……我们都有一种普遍的认识，认为资本更广泛地在社会上使用……这不是谁的时代要到来的问题，却绝对是我们的所思所想是否顺应历史的问题。"

致谢

　　该案例研究基于公共资料以及 2009 年秋季与 2010 年春季对 ShoreBank 创建者罗恩·格茨温斯基和玛丽·霍顿的采访。作者感谢格茨温斯基先生和霍顿女士不吝分享自己的高见。本文仅代表作者个人观点。

---

① Still Worth Saving. Chicago Tribune. 2010 – 08 – 12. http：//articles. chicagotribune. com/2010 – 08 – 12/news/ct – edit – shorebank – 20100812 _ 1 _ shorebank – big – difference – proud – history.

第十二章　特里多斯银行

——遵从使命，终获成功：
从不知天高地厚的小卒到欧洲的行业领导者

弗兰克·扬·德·格拉夫

引言

特里多斯银行（Triodos Bank）过去 20 年的历程就是走向成功的历程，也是以道义指导业务的历程，而实用的方法才能成就道义。之前的 30 年里银行的管理在为社会创造价值这一明确的业务重点和公司财务健全的目标之间找到了平衡点。本文将会详述它的发展，尤其是 1990～2009 年的飞速成长，期间特里多斯从小打小闹发展成为正规的银行。

本章①结构如下：开头先来说说特里多斯如何应对金融危机，继而深究特里多斯成功的原因，据此我会首先强调具有强烈人道主义和人本色彩的银行道义。这些道义信条根植于机构的组织构架之中并且具有政策上的意义。最后的结论是特里多斯为那些有志于处理

---

① 本章案例除了案头研究之外，还在 2009 年进行了访谈和电子邮件往来。另外，本文是基于荷兰银行业 1990 年与 2003 年的对比研究。该研究发表于 De Graaf 和 Stoelhorst 最近的一篇文章中，探究了 20 世纪 90 年代荷兰金融市场的监管放松。该研究的重点在于管理结构间的关系以及这种结构如何影响企业政策，企业需要这样的政策来适应监管放松后的环境。F. J. de Graaf. De bestuursstructuur en de maatschappelijke verantwoordelijkheid van ondernemingen，de invloed van stakeholders en de deregulering van de Nederlandse financiele sector，Eburon，Delft. 2005. 该对比研究见 F. J. De Graaf and J. W. Stoelhorst，The Role of Governance in Corporate Social Responsibility，Lessons from Dutch Fiance，Business & Society (Accepted). 2009.

好道义、管理和价值这三者间关系的银行树立了榜样。

使命导向的成功：危机成就盛景

2009 年在国际上的突破

"我的钱分文不少"，这是 2007 年金融危机爆发时特里多斯银行提出的口号。这条广告语是对经济下行的回应，而同时也强调了特里多斯的客户清楚自己的钱投资于何处。

自 1980 年特里多斯银行建立以来，它就力求将自己定位为人性化的、与众不同的银行，它想要证明储蓄、投资和贷款能够跟社会和环境项目联系起来。2009 年，该银行主席皮特·布鲁姆（Peter Blom）甚至表示社会和环境是在长期内创造可持续发展的银行业所必需的两个方面。特里多斯用专门的一本书来阐述其开展业务的方法，这本书叫做《新的银行业——银行家皮特·布鲁姆的可持续解决之道》。

在这本由一名记者撰写的书中，皮特·布鲁姆阐述了他对金融危机根源的看法以及特里多斯的做法为何会成为国际银行业务问题可能的解决方法。从这种观点看来，利润主要是实现可持续发展的一种手段。利润是满足众多利益相关人——股东和其他投资者——的关键所在，但是这个目标对每个人而言都必须是健康而可持续发展的。有了社会、企业和客户的繁荣发展才会有银行的壮大。

金融危机使特里多斯有机会成为国际主流银行的一分子。举例来说，2009 年《金融时报》将特里多斯推选为全球最具可持续发展能力的银行。特里多斯被视作业界革新的领导者。同年，特里多斯银行与它的同行一起建立了全球银行业价值联盟（Alliance for Banking on Values）。该联盟致力于推广主流金融之中可持续发展银行业的原则，促进更大量的研究以将这些原则运用于实践。创建者们大致达成了以下协议：

（1）银行要开始着手满足社会某些特别的需求（社会影响力投资）；

（2）必须走利益相关人的路线；

（3）核心的原则是产品与客户同步发展。

金融危机与 30 年的兴盛

特里多斯花了 30 年时间才成为主流竞争对手眼中的业界领袖。1980 年几个怀抱理想的人在此起步，特里多斯在 20 世纪 90 年代的荷兰银行业异军突起。在如风能、有机农业和可持续投资这样有利可图的市场，特里多斯都是首家涉足其中的银行。随着自我意识的增强，它也敢于运用一些挪揄反讽的方式来宣传自己，比如说它从 2000 年就开始利用各类社会事件为自己打广告。当荷兰最重要的银行 ABN AmRO 被外国银行收购之后，特里多斯以照片的形式打出"本行恕不出售"的口号，照片中特里多斯的员工手持写有该条标语的布告牌站在银行前面。

除了将日渐增长的认识同气候转变、有机农业这样的社会可持续发展项目相联系之外，企业的文化传播还更多地注重银行健康的财务结构。特里多斯的偿付能力十分稳定，因为它遵循保守的政策①，只投资于确实熟知的企业。特里多斯关键性的原则之一就是储蓄者和贷款者之间必须要存在某种关系。双方都需要可比性的原则，储户也要知道自己的钱都投到哪里去了。良好的透明度在原则和产品中更显重要。

特里多斯的网站创建于 2008 年，"特里多斯银行从未投资于结构性产品或是复杂的衍生金融产品。特里多斯银行一直都认为这些产品过于抽象且远离了实体经济和特里多斯银行的使命"。特里多斯在危机中仍维持着高增长的目标，这与一般银行收缩业务、依靠政

_____

① 由于特里多斯相对灵巧的规模，它必须要达到监管当局设定的更高的回收率。小银行似乎就意味着更高的风险。但回过头来看看，荷兰的小银行不用政府扶持，反而是大多数大型银行需要政府的援助。特里多斯 18% 的自有资本（一级资本）远高于监管的要求。

府的情况截然不同。银行希望保持住每年约 20% 的增长。2009 年 9 月银行宣布发行新增股票来为这一增长目标融资。

增长并非一蹴而就

特里多斯银行成立于 1980 年。一群生意人和银行家认识到银行应该对社会目标导向的投资持有积极的态度。在他们看来，主流银行常不能看到社会目标与银行业务交集之中的机会。创建者中的大多数人与人智学运动（anthroposophical movement）有些关联。[①]

1980 年他们获得了荷兰中央银行（De Nederlandsche Bank）颁发的牌照。十年间，一家小众银行逐渐成形，主营储蓄和贷款，少数怀有相似梦想的理想主义者在一个圈子里努力工作。

特里多斯银行真正开始发展是在 1990 年之后。当年银行只有 19 名员工和 4 100 多万欧元的资产。1990 年之后银行将重心放在"专业精神"上。这意味着特里多斯聘请了更多有银行业背景的员工并关注到更大的目标客群。真正致力于社会积极变化的每个人和每项倡议都有特里多斯的参与。到 2003 年，银行员工数增至 224 人，总资产达到 9.62 亿欧元。除了位于泽斯特的分理处，特里多斯还在布鲁塞尔（比利时，1993）、布里斯托（英国，1995）和马德里（西班牙，2004）开设了分行。2004 年之后该银行的发展愈加迅速，当下的金融危机甚至似乎是巩固了它的发展（表 12-1）。

---

① 人智学是一门精神哲学，源于奥地利哲学家、社会思想家以及神秘主义的 Rudolf Steiner（1861~1925）的教学，该学科假定存在一个目的，理智的精神就会经由内在的力量来指引行动。Steiner 主张伦理学个人主义形态，后来他在其中加入更多的精神成分。他还将自己的理论应用于华尔道夫教育（Waldorf education）、生物动力农业和人智学医疗等实践。

荷兰的人智学运动有两个代表性机构：荷兰人智学社团（the Dutch Anthroposophical Society）和基督教会（Christian Community，受 Rudolf Steiner 理论启发的一项宗教运动）。特里多斯提名的候选人必须经过这两个机构的同意。

表 12-1　　　　　　　　　　主要财务指标

年份	2008	2007	2006	2005	1990
债务资本	204	200	124	120	—
托管基金	2 077	1 617	1 356	1 072	350
贷款	1 270	1 019	854	665	290
表内合计	2 363	1 885	1 539	1 222	410
总收入	73.7	59.2	45.9	36.6	12

特里多斯成功的基石：将组织构架和政策同道义联系起来

　　作者试在本节中探究特里多斯成功的基础。在此将会提出一个论点，特里多斯的兴盛是因为它遵从道义并将道义与政策很好地联系在一起，而严格的公司管理政策限制了股东形式上的影响。

明确的业务原则

　　特里多斯的创建者们很清楚应该要保护银行唯一的目标。因此直到 1999 年，人智学运动和基督教会终于能够影响管理者的委任。董事会成员"得要受意于鲁道夫·斯坦纳（Rudolf Steiner）的精神科学——人智学"。[1] 另外，在董事会章程中人智学也产生了影响：

　　董事会成员由选举产生[2]，必须要经荷兰人智学运动协会与荷兰基督教会领导者的批准。[3]

　　由于特里多斯的繁荣发展并转变与上文所述各机构的关系，银行与这些机构的正式关系在 1999 年发生了变化。如今，前文所述的

---

①　Statutes 特里多斯 Bank N. V.，第 6 篇第 2 段，作者译。

②　新任董事会成员由现任董事会成员选举产生。

③　Statutes of the Foundation for the Administration of 特里多斯 Bank Shares，第 6 篇第 4 段，作者译。

章程包含了以下人智学内容：

人智学运动和基督教会的宗教复兴运动是特里多斯创建者们的灵感之源。特里多斯是完全自由的，它与鲁道夫·斯坦纳首创的人智学这一精神科学相联系，这成为特里多斯银行工作的重要基础。[1]

前文的内容并不具有法律约束力。在阐述这种改变时特里多斯强调说，这些宗教团体作为创始人之一会继续引导银行的日常业务，但是银行未来会自由发展自己的理论以进一步成为"可持续发展的先锋"。

1999 年的章程中多处强调了社会目标，1999 年之前的目标也还是"鼓励为社会创新项目融资"。[2] 在数次年度报告和政策文件中社会创新都被不断具体化。

人人应当自由平等地发展，并应当为自己的行为给他人和地球带来的后果承担责任，在这样的训诫之下，该银行追求的是奉献于社会改革。[3]

这些文章拥护特里多斯的道义而且也被视为人智学理想向现实的转变。董事会成员强调说章程的变动以及人智学运动逐渐消退的影响不应当被看作不同原则间的取代。特里多斯的创建者们并没有推进人智学的意图。他们要推行的是由宗教和精神信仰所驱使的银行业务，就是现今我们所称的人道主义银行业务。

如前文所述，1990 年是特里多斯历史上的转折点。它在第一个十年里证明了自己可以独立生存下去。1990 年之后，专业化的进程带来迅速的发展。特里多斯的发展与 3P［人（people），地球（planet），利润（profit）］、企业社会责任以及可持续发展等观念密切相关。特里多斯按照社会的发展来构建出自己的使命（链接 12 - 1）。

---

[1]　Statutes 特里多斯 Bank N. V.，序言，作者译。

[2]　第 2 篇第 2 段 C，作者译。

[3]　第 2 篇第 2 段 C，作者译。

链接 12 - 1　2002 年特里多斯的使命①

特里多斯是银行可持续发展业务的先锋，它想为人类社会的发展贡献力量。

这个社会关乎人类、自然和文化。

特里多斯为那些在社会、环境、文化领域有价值的企业、机构和项目进行融资，而致力于社会责任事务和创造性公共事业的存款人和投资者赋予其可能性。

特里多斯的实践中不仅包含金融，还含有社会经济、社会和概念上的问题。"特里多斯"本身就反映了三管齐下的意思，"Tri Hodos"在希腊语中就是这个含义。

特里多斯所定义的社会创新是独立的、国际化的金融制度。

与其社会目标相一致，特里多斯追求的是最优财务回报。

道义的影响：管理构架和政策

道义引导行为。尤其是以利益相关人为出发点，这是银行采取反收购措施的主要原因之一。即使银行被某个财大气粗的股东恶意收购走所有股份，它的目标也不会有所改变。

在荷兰的法律下，特里多斯是一家拥有董事会、监事会并自1998 年起还拥有工会的有限责任公司。② 特里多斯并未上市，它用

---

① 特里多斯银行 2002 年年报，作者译。

② 工会是代表员工的正式组织，在德国、斯堪的纳维亚半岛诸国以及比利时、荷兰、卢森堡三国等北欧国家十分普遍。在荷兰，大中型企业的员工从个人或联合的候选人中选出自己的代表，任期四年。荷兰的工会有非常明确的法定权利限制，这使工会在事关员工利益的决策中发挥规范的作用。见 F. J. de Graaf and C. A. J. Herkstroter. How Corporate Social Performance is Institutionalised within the Governance Structure：The Dutch Corporate Governance Model. Journal of Business Ethics, 2007, 74（2）：177 - 189。根据关乎利害的问题不同，工会的权力也会不一样，从顾问咨询到否决管理决策并将其诉诸法律。

反收购措施来守护道义并保证独立。特里多斯股权管理机构（SAAT）的建立对它的组织构架十分重要，SAAT 负责发行股票。这些权利凭证由"股东"持有，而 SAAT 则掌握着"真正的股份"。必要时 SAAT 会发行新股并负责造市以买卖这些权利凭证。

股东最能持有 7.5% 的资本，在股东会中的影响力不到 1%。特里多斯设计了一套法律结构来防止大股东在股东会中拥有过大的影响力。

40% 的权利凭证由金融机构和 14 家养老基金持有。这种结构不仅维护了银行的道义，也保护了自己的牌照。由于规模较小，特里多斯很容易被收购，而并购者也可以借此获得银行牌照。

反收购措施并不意味着股东对银行政策完全没有影响。SAAT 赋予股东大会以选举权。SAAT 的成员由银行来指派，也就是说由现有的成员来选举出新的成员，而年会则给出被提名的人选。另外，银行的行政管理和 SAAT 都要对股东负责。章程还规定了股东分得最少的红利。

银行妥善安排好一切，只为奉献于社会变革。为了这个目标，股东接受了最低水平的红利。一位曾经的监事会成员提到说，特别是在早几年，投资回报根本都不是股东会的议题。大家只讨论新项目的相关性以及要用何种标准来评估项目。1990 年以后这样的讨论在股东会中逐渐变得不那么重要了。特里多斯尝试开辟其他的讨论区来继续类似的讨论，它清楚知道这对于保证机构长期的正确性是很关键的。

道义和政策：不是服从市场而是遵从使命

在明白了特里多斯的道义和使命之后，践行贯彻之时与股东的互动就尤为关键了。特里多斯也在努力开拓市场，有机农业就是一个例子，银行积极地与重要参与者抱团合作并为他们的难题寻求金融上的解决方法。最初的几年里，特里多斯灵巧的规模和员工的社会背景使工作更易于开展。特里多斯广纳人才，也招募来自于与其目标无关的领域的员工。

　　特里多斯的道义实行起来也更加轻松，因为大多数股东投资主要不是为了回报，他们是为特里多斯的道义所动。特别是在早几年，比起分红，他们更有兴趣参与银行的决策。他们通常都了解银行的项目并参与其中。

　　银行员工也差不多是这样。银行每周召开全员大会，会上讨论的是行内外当前的发展形势。这种会议给员工和管理者创造机会以达成一致的期望。除此之外还有每月一次的午餐会来探讨与本行相关的社会普遍发展情况。

　　特里多斯还邀请自己的客户，比如有机产品批发商的股东和有机产品认证实体的代表。

　　特里多斯在产品开发上尤其遵从自己的使命。例如为了有助于避免像切尔诺贝利这样的核灾难，银行决定在风能方面进行投资。而在生物领域基金的创建中，它的道义原则也发挥了重要作用。有机农作物生产者通常很难获得农业贷款，因为这类贷款普遍被投向个人模式的农业生产。特里多斯想要迎合有机领域的预期需要，它为有机农业定制出专属的投资机制。在开发这类投资产品的同时，特里多斯还在寻求与劳埃德（Delta Lloyd，荷兰一家保险公司）这样的金融机构和多恩基金会（Doen Foundation）这样的发展组织进行合作。在新兴的、有前途的领域携手合作是最重要的战略。这往往意味着要聘用有相关领域背景的员工。

道义和政策：薪酬

　　特里多斯以前是、现在也还是从根本上反对奖金报酬的。需要用金钱来驱策的人不适合特里多斯的文化。董事会也适用一般的薪酬结构。2004年以前，最高的和最低的薪酬水平相差不到五倍。由于国际化发展的原因，荷兰最低/最高薪酬比率变为1:7.7。小型企业的存在使其他国家的这个比率更低。荷兰所有的劳动者都适用同一工作评价计划，这一计划是为所有人所了解的。管理人员的薪水和委员会委员的薪酬会在年报上披露。按照薪酬结构，特里多斯的老员工所获得的报酬要比在其他银行工作的同行少很多——有时候会少 20% ~ 30%。那些看重金钱的人会选择去其他地方工作。

道义和政策：国际化拓展

20 世纪 90 年代特里多斯逐渐开始在国外拓展。起初这并非预计要实现的结果，特别是在英国和比利时。几家外国分行都是诞生于交谈之间，譬如在国际峰会上特里多斯遇见热忱的外国朋友，他们为特里多斯的使命所吸引。这些人积极地想要创办一家类似的机构，他们在寻求建议和帮助。有时他们会发现自己需要更进一步的合作。在大多数国家，开一家外国银行的分支机构要比创办一家银行来得容易。

1993 年特里多斯首次迈出荷兰的领土，在比利时开设了一家办事处。1995 年，特里多斯在英国收购了一家小型金融机构。荷兰的银行牌照在比利时可以联合发起创办银行，也可以将英国的那家机构发展成为银行。

在这两家国外分支机构之后，特里多斯在 2000 年前后采取了更加主动的扩张战略。结果是 2005 年西班牙分行建立，2007 年德国也成立了办事处。特里多斯的理念和方法在荷兰之外的国家也能够发挥作用，这样的想法指导着银行的发展战略。在长期内特里多斯能够创造更多的融资机会，国际发展的战略即基于此种观念。实现国际化之后，银行因之开始关注到国外的投资者。

结语

30 年来特里多斯遵循着投资于"社会变革"和"社会创新"的原则。首先这意味着银行要投资于有特定社会和环境目标的企业。"社会创新"不应该是狭隘的定义，这使银行能够及时对新的发展作出反应。目前，（1）具有社会影响力的投资。（2）以利益相关人为主导。（3）与客户一道开发产品是构成经营指导原则的重点所在。而储蓄者和贷款人之间的关系——储蓄者清楚自己的资金用于何处，而贷款者清楚资金从何而来——成为特里多斯的又一关键原则。

　　银行经营原则是严格与引发金融危机的结构性产品划清界限，那些复杂产品的投资者并不知道自己的钱投资到哪里去了。出于这些原则，特里多斯从未投资于结构性产品和其他衍生品，因为这类投资无益于进一步的可持续经济发展。

参考文献

［1］Graaf, F. J. de. De bestuursstructuur en de maatschappelijke verantwoordelijkheid van ondernemingen. de invloed van stakeholders en de deregulering van de Nederlandse financiele sector, Eburon, Delft. 2005.

［2］Graaf, F. J. de and J. W. Stoelhorst. The Role of Governance in Corporate Social Responsibility. Lessons from Dutch Fiance, Business & Society (Accepted). 2009.

［3］Reijingoud, T. Het Nieuwe Bankieren, De Duurzame Oplossingen van bankier Peter Blom, Kosmos. Amsterdam. 2009.

文件（公开）

Triodos Bank Annual Report 1981

Triodos Bank Annual Report 1991 ~ 2008

Statuten Triodos Bank 1999

Statuten Stichting Administratiekantoor Aandelen Triodos Bank (SAAT) 1999 (Statutes Foundation For the Administration of Triodos Bank Shares)

Verklaring statutenwijziging 1999 (Explanation changes in the statutes 1999)

内部文件

Triodos Bank N. V. , 1992, Werkplan (Yearplan) Triodos 1993

Triodos Bank N. V. , 1993, Werkplan 1994 Triodos groep

Triodos Bank N. V. , 1994, Triodos groep Werkplan 1995

Triodos Bank N. V. , 1995, Werkplan 1996 Triodos Bank (Nederland)

Triodos Bank N. V. , 1996, Werkplan 1997 Triodos Bank Holding

Triodos Bank N. V. , 1996, Werkplan 1997 Triodos Bank Nederland

Triodos Bank N. V. , 1997, Werkplan 1998 Triodos Bank Holding

Triodos Bank N. V. , 1997, Werkplan 1998 Triodos Bank Nederland

Triodos Bank N. V. , 1997, Strategy memorandum Triodos Bank Algemeen

Triodos Bank N. V. , 1998, Werkplan 1999 Triodos Bank Algemeen

Triodos Bank N. V. , 1998, Werkplan 1999 Triodos Bank Nederland

Triodos Bank N. V. , 2001 European Perspectives for Triodos Bank

Triodos Bank N. V. , 2001 Strategy Triodos Group 2002 – 4

访谈

T. Steiner, 2003 – 10 – 30, 1990 年以来负责企业文化传播

P. Blom, 2003 – 11 – 11, 1981 年作为志愿者入行, 1991 年成为 CEO

A. Dijkstra, 2003 – 11 – 12, 1980 ~ 2004 年担任 CFO

F. Mathijsen Gerst, 2003 – 11 – 25, 监管委员会主席

B. Ruter, 2004 – 01 – 07, 兼任资产管理部经理

W. E. Scherpenhuijsen Rom, 2004 – 01 – 23, 监管委员会成员, 1980 年参与建立 Triodos, 曾任 NMB 银行这一荷兰大型主流银行的主席

　　T. Steiner, 2009 – 10 – 14，负责企业文化传播，阿姆斯特丹大学的研究生 Patrick van Biezen 对其进行了电话采访

第十三章　Wainwright Bank and Trust 案例研究

——人性化管理实践

克里斯汀·阿里纳

引言

那是 2008 年的大选日。美国股票指数出现了 21 年来最差的表现，道指在一个月内狂跌 2 400 点。信贷危机拉开序幕，诸如雷曼兄弟、美林银行、花旗银行这样的金融机构惨遭蹂躏，美国银行也卷入其中，银行的贷款能力和消费者的借款能力都受到限制。与此同时，连锁反应波及世界经济，从伦敦到中国香港的股市都产生了相似的震荡。众人都在全球衰退的阴影中恐惧着。形式十分严峻，很多企业的首脑自然如履薄冰。但是 Wainwright Bank & Trust Company 这家上市公司的创建者和联席主席罗伯特·格拉丝曼（Robert Glassman）却泰然自若，而董事会也是如此。它不同于那些需要政府大量援助以弥补以往过错的银行，Wainwright 强健的财务和独一无二的管理哲学使它能够聚集起力量并更好地规划自己的未来。

Wainwright 是一家资产超过 10 亿美元、管理着 4 万个账户、每个月有 50 多万笔交易的银行，它离成为全国最大的银行还差得很远。但它的业绩表现却与饱受次级市场崩溃和消费者信心削减折磨的脆弱行业形成强烈对比。Wainwright 2008 年第三季度平均资产增加了 8.7 亿美元，约比上年增加了 10%。它的平均贷款余额增长了15%，其中房地产贷款突增 31%。银行在商业地产和商业贷款上也有良好的表现。格拉丝曼说："金融市场上所有的动荡都一直在为我们创造机会去争取额外的市场份额，尤其是房地产贷款产品。我们很高兴看到自己的产品和渠道永远有市场。"

格拉丝曼所说的"渠道"是关键。其实在其他任何一家银行都能找到与 Wainwright 相同的产品——支票账户、储蓄账户、贷款，等等。这不是决定 Wainwright 业绩的因素，是它售卖产品的方式、统筹经营的方式使它从同业中脱颖而出。Wainwright 以一种社会进步计划和管理的人道主义方式走在行业的前头，这两方面也是对它而言最重要的双重底线。格拉丝曼认为"这两方面互相支撑，我们业务的成功源自于我们对社区的贡献"。

Wainwright 的业务渠道跟它的业绩表现一样不寻常。迄今 Wainwright 已经发放超过 7 亿美元贷款用于社区发展计划，比如经济适用房和 HIV/AIDS 服务，而这些贷款几乎都没有违约。Wainwright 在业内也拥有最高的客户忠诚度和最低的员工跳槽率。总而言之，Wainwright 的所作所为不同于那些华尔街同行。Wainwright 在其所有业务中树立起一种公开而郑重的形象，这也是银行的利益相关人和股东所中意的。

不寻常的业务

假如了解市场现状，你就会对 Wainwright 的人性化管理哲学钦佩至极，这种管理保护了股东的利益，使 Wainwright 有别于它的同行。2008 年 10 月，美联储前任主席艾伦·格林斯潘是这样描述银行业困境的："我们正处于一场百年一遇的信用海啸之中。"他承认金融系统崩溃之时他震惊了，同时他也预言这个国家必将以"健全得多的金融体系"从当前的信贷危机中站起来。[①]

这些评论让众议院很不安，其中也包括委员会的主席——议员亨利·韦克斯曼（Henry Waxman），这位来自加州的民主党人与 SEC 主席克里斯托弗·考克斯（Christopher Cox）、前财政部长约翰·斯

---

① 艾伦·格林斯潘在众议院监管和政府改革委员会的证词，2008 - 10 - 23。

诺（John Snow）一道严厉谴责格林斯潘疏于监管。而韦克斯曼却指责这三位不能对危机防患于未然且拒绝为此承担责任，他说："监管和判断上漏洞百出，给纳税人和经济体带来的代价也大得惊人。"然而他也重申自己赞成国会批准的 7 000 亿美元华尔街紧急援助计划，该计划允许美国政府从有问题的贷款人手里购回抵押投资产品。① 理论上来讲，援助计划能够通过释放资本来融解信贷市场的坚冰，由此使银行得以发放新的贷款。但实际上如何呢？另外还有，它是否充分解决了最初扭曲金融体系、引发危机的潜在系统性问题？格拉丝曼对此表示担忧。

格拉丝曼说："目前的崩溃是因为信贷泛滥，但信贷本身并不是问题所在，问题是信贷如何在正常业务活动的掩盖下毫无道德约束地从一方手里转移到后手。"他用次贷危机来举例："这条线上的每一个参与者——从贷款发放者到将抵押资产出售给投行的经纪人（投行会构建可出售的抵押资产池），再到本该保护投资者的评估机构——都不会永远对交易负责，当然也不会关心交易背后那些房屋所有者的安乐。"

与此相反的是，Wainwright 对自己所有的交易都保有既定的兴趣。它历来都拒绝将自己的贷款再打包、再出售给第三方，它也会为了长期的成就而向消费者提供有用的工具，以此提高消费者对银行的偿还能力。譬如 2001 年 Wainwright 为非营利组织客户发起了一项名为"社区活动在线"（CommunityRoom. Net）的网上服务，除了一般的活动之外还提供免费的托管网页以及接受在线捐赠的功能。据格拉丝曼所说，银行的 500 家非营利组织中有超过 200 家参加了"社区活动在线"并在 2007 年通过该渠道捐出了总计 110 万美元善款。

令 Wainwright 颇为自豪的是它设计的促进同业间金融稳定并服务于价值目标的一系列类似产品。Wainwright 的绿色贷款发起于

---

① 艾伦·格林斯潘与亨利·韦克斯曼在众议院监管和政府改革委员会上的讲话，2008 – 10 – 23。

1999 年，它以折扣利率为业主提供房屋节能改造的净值贷款。等价交易存单（equal exchange CD）具有竞争性利率，同时还允许将存款作为等价交易信贷业务的质押，等价交易指的是咖啡批发商向第三世界农民提供一份还算过得去的收入。从整体来看，社区发展贷款是 Wainwright 业务战略发展的一个重要方面。

目前 Wainwright 50% 以上的商业贷款组合投向诸如下列融资项目：流浪者之家、食品银行、经济适用房或特建房、HIV/AIDS 服务、移民服务、城中村学校、社区健康中心以及乳腺癌研究。格拉丝曼说："我们的大多数客户知道自己的存款是用于为这些贷款融资，我们能吸引新的客户是因为他们想要拿自己的钱来支持当地社区发展，而他们一旦加入我们就会变成我们行绝对忠实的客户。"

对任何银行而言，客户忠诚度都是一项巨额资产，尤其是在具有替代产品和服务的同质化行业，就这方面而言，Wainwright 确实是出色的。但更值得注意的是银行管理所能实现的偿付率。过去 20 年，Wainwright 在社区发展贷款上已经投资了 7 亿美元，没有一笔违约。格拉丝曼说道："没有哪怕一家客户违约。这不仅是'不同寻常'这么简单，它简直就是动摇了银行业的固有状态。"

格拉丝曼说："大多数银行从业者一般都认为社区发展贷款无利可图，风险又大，只是另一种形式的慈善罢了，但事实胜于雄辩。我们的社区贷款利率并不打折扣，与其他商业贷款一样是市场定价。"确实并非产品本身有何神妙之处，关键在于产品如何构建和运用。Wainwright 的贷款设计迎合了个人贷款者的需要，而不是照搬既定的银行贷款条款。Wainwright 发现灵活性会大大提高贷款偿还的概率。这就是 Wainwright 保持并提升回收率的关键原因。

当那些抵押资产经纪商破产的时候、当大多数大型商业银行因为资产水平问题或贷款组合质量恶化而削减或干脆暂停贷款业务的时候，Wainwright 的资本状况依然良好，它仍旧积极为小企业和购房者提供贷款。根据一份在业内拥有最广泛读者的新闻日报《美国银行家报》（American Banker）所称，其实 2007 年 Wainwright 房产抵押贷款组合业务就增长了 31.8%，这使它成为全国发展最迅速的社区银行之一。《美国银行家报》的主编大卫·隆戈巴底（David Longob-ardi）说："银行行善就会获得好的回报，Wainwright 就是有力的证据。它集中体现了一家银行如何在支持一系列社会和政治原则的情况下还能保持盈利。"①

直到 2008 年 1 月 Wainwright 的财务状况依然稳健。从 2007 年的 1.17 亿美元到 2008 年的 1.23 亿美元，Wainwright 全年实现了 5% 的净收入增长。2008 年一年的时间内，Wainwright 资产飙升了 15%，达到 10.6 亿美元，而存款则提升了 16%，达到 7.17 亿美元。另外，Wainwright 的净利息收入在 2008 年第四季度增长了 3.20%，2007 年同期的增长率为 2.97%。Wainwright 的贷款回收率和增长率使它在当地金融媒体大受称赞的同时，更多的社区也看到它双重底线的价值。可持续发展在线（Sustainablebusiness. com）认为 Wainwright 是全球前 20 家实现可持续发展的上市公司之一，社会投资论坛（Social Investment Forum）则将它列为全美十大绿色银行之一。而在它所服务的社区口中 Wainwright 则是"给人以力量的银行""信守承诺的银行""为了实现信仰而无所畏惧"。②

人们确实喜爱 Wainwright 的与众不同之处，尽管它并非在每个细分市场上都全面发展。格拉丝曼和他的同事们发现没有必要让所有人都喜欢自己的公司，重要的是要选好对象。Wainwright 明白众口难调的道理，所以它不白费力气做无用功，比如厚颜无耻地将自己评为"最受欢迎的银行"或者"业内最佳公民"。在人性化管理上的成功就是保持纯粹的真实和谦逊，并将人们的需要置于行业规则之上。

---

① 通讯稿，Wainwright Bank Co - Founder Named 2007 Community Banker of the Year. 2007 - 11 - 30。

② E. Jeanne Harnois. Bank official brings financial literacy to innercity audience. Boston Banner, 2003 - 06 - 05; Trinty Creative Communications. A Bank that Keeps its Promise. The Angle e - Newsletter, 2002 - 05; Branching Out in Green. Brookline TAB, 2005 - 09 - 22. (http: //www. wainwrightbank. com/html/about/news/news/archive. html) 2010 - 10 - 11.

以人为本

罗伯特·格拉丝曼认为应该有更多的管理者放下像"正确的价值""做正确的事"这样空洞的概念，他们应该做的是听取意见并作出更好的反馈。也就是说要仔细思索利益相关人最深层次的需求和值得为之努力奋斗的目标。也意味着要恰当而实际地定位，以诚恳的、切实的和盈利的方式来巩固自己的定位，Wainwright 在这方面的表现相当出色。

格拉丝曼的话语表明了 Wainwright 的态度："我们的业务最不可替代的部分是为了自己的客户和员工而呼吁社会公平，特别是作为上市公司来说。""我们想方设法拥护和支持的进步的源泉，以及我们从中获得的认知，这些让我们创造出了相当数量的、我们称之为'文化资本'的财富。就如有些人认为的那样，我们的做法具有争议性，但我们绝不惮于独自坚守。"

Wainwright 在许多领域都独自坚守在最前沿，像 20 世纪 60 年代的民权运动就对 Wainwright 社会进步计划的构建起了主要作用。1996 年，Wainwright 是美国唯一一家在国会支持《非歧视就业法案》（*Employment Non - Discrimination Act*）之前就声明拥护该法案的上市公司，该法案将在工作场合歧视同性恋定为违法行为。最近 Wainwright 又在反对马萨诸塞州宪法针对婚姻的反同性恋修订，它已经是社会正义运动的一分子了，这些运动还包括支持马萨诸塞州实行最低生活保障工资。

有些人想不通一家银行为什么要将自己置于风口浪尖。格拉丝曼是这样解释的："多年来我们听到不少反对民权运动、妇女运动、同性恋权利和艾滋病人自由市民权利运动的言论，全都如出一辙。对我们而言，这些群体的权利都是密不可分，构成了社会正义的网络。"

沿着这样的思路，Wainwright 将人性化管理的概念诠释成一个社会融合模型，该模型贯穿于银行组织机构的所有层级。格拉丝曼说："员工、顾客和社区与我们的股东都是平等的，我们相信当大家都各得其所的时候我们的每一位顾客才能得到最优质的服务。"有鉴于此，Wainwright 有意识地创造了强调个人、平等发展的企业文化。"我们营造出一种氛围，人们在其中不必墨守银行的成规，他们能够自在自处、自由表达。"

在 Wainwright，自由的工作环境就是每个人都有在专业方面获得提升的平等机会，不论种族、肤色、宗教信仰、年龄、性别、婚姻或家庭状况、性别取向、遗传基因、血统、国家、是否有身体或智力障碍、是否是美国统一服务成员或是具有其他任何受法律保护的特点。这才是真正的多样化。根据格拉丝曼的介绍，Wainwright 的董事会由九名外部董事组成，其中有两名是非洲裔美国人，有两名是女性，其一还是公开的女同性恋。在银行的 166 名员工之中，60%是女性，10% 是公开的同性恋，其中包括两位高级副总裁。少数族群在员工总人数中占比超过了 30%，行内流通着 22 种语言。

格拉丝曼说："我们也认识到员工要有工作以外的生活。"所有全职员工不论职位，每年都享有 3 周的带薪休假和 4 天的病假（见习柜员的业内平均假期是 1 周），除此之外 Wainwright 还提供免费的人身保险、丰厚的健康补贴和牙医保险、健康俱乐部会员资格以及公共交通补贴。银行意识到 401（k）计划会成为员工退休后的主要经济来源，因此将所有的员工都自动加入到银行的储蓄计划之中，不愿参加养老计划的员工需要特别申请才能退出。根据格拉丝曼的介绍，迄今只有一名员工退出该计划，该计划的资金由两部分构成，一半是员工工资收入的 4%，另一半来自银行，按照法律规定，银行每年缴存的金额不能超过储蓄总额的 50%。

有这么多的福利、这么开明的思想和包容的态度，谁会不想在 Wainwright 工作呢？格拉丝曼指出这些额外的待遇确实有助于保持人才库的流动性并降低成本。"由于我们只是资源有限的小公司，待就业人群一般都会选择我们。银行并没有正儿八经地要求聘用的员工必须有助于社会进步计划，许多人却是因为它的社会进步计划而怀着满腔热情设法进入 Wainwright 工作。"

在 Wainwright 工作的好处还不止这些。员工跳槽是银行业一个重大的问题，它可能会使银行损失有价值的客户。有趣的是，美国银行业员工自愿跳槽的年平均比率差不多是 23%，跳槽的平均成本据说大概是员工年薪的 25%。① 相比之下，Wainwright 却能够将跳槽率维持在远低于业内平均的水平上，2007 年的跳槽率为 9%。格拉丝曼认为银行相信自己能够承担起对社会全部的责任，也相信自己的双重底线。"这一概念根植于银行的产品和人力资源工作之中，一个明确的、能够引起共鸣的品牌形象就树立起来了，这个品牌形象是由员工和客户公认和评判的，日常的讨论都是围绕着如何在人们的意识里强化巩固银行品牌来进行的。"

Wainwright 强大的品牌在价值上产生了共鸣——从影响人力资源政策到唤醒员工自觉奉献于银行。比如 2006 年 Wainwright 的设备部门单方面决定在公司总部整栋大楼内配置自动感应开关和低瓦数灯泡并全部改用可回收制品。格拉丝曼指出这一做法并非受意于公司的高级管理层，它是强力支持银行承担环境责任的自觉的人们所作出的自愿而默契的举动。另一个新近的例子是越来越多的客户要求银行使用电子版的月报以减少纸张和能源的耗费，银行对此也作出了回应，据称银行正在努力，不久就会推行这种做法。

Wainwright 认为互动是成功的关键，也是创新的源泉。譬如客户注销了自己在 Wainwright 的支票账户，他们就会收到一份来自总裁和 CEO 的调查问卷询问注销账户的原因。据 Wainwright 说，问卷的反馈率一直都在 40% 以上，97% 的问卷都是令人满意的。85% 的反馈表示注销账户并不是对银行不满意，而是因为要搬离波士顿地区，其中许多人表达了希望银行在自己新家所在地开设分支机构的愿望。

富有社会责任感的企业

如果说 Wainwright 的成功说明了什么问题的话，那就是含糊其

---

① 数据来自于 The Cornerstone Report: Benchmarks and Best Practices for Mid - Size Banks. Scottsdale: Cornerstone Advisors, 2007 - 09 - 01 - 04.

词的、高高在上的"社会责任感"没有出路。最优秀的、最成功的企业不会将注意力放在"如何看起来有社会责任感"这种事情上。他们注重的是"在战略上负起责任"的简洁概念。在战略上负起责任的企业不会忽视员工和客户的意见反馈，他们会倾听和学习，没有抵触和敷衍，他们全都应付自如。他们不是挣扎着适应监管，而是利用市场和全球环境体系中的机会、利益相关人需求背后的机会来助推自己的成长和业绩。世界上最有责任感的企业不会担心说得不够，他们只会担心自己的行为是否创造了真正的、可衡量的价值——在社会上、环境上和财务上。到头来这一点才是最重要的，而这也是被大多数企业所遗忘的。

格拉丝曼坚称："将社会效益和盈利放在同等地位加以考虑的商业模式会对二者都有助益，Wainwright 的成功证明了这一点。"展望未来，格拉丝曼确实看清了大势，即他所称的"自觉资本主义"，越来越多的利益相关人（包括股东）要求企业以更广阔的视野来看待自己的业务，更好地正视和处理自己的实际影响。格拉丝曼说："理论上，这个概念会变得无处不在，因为人们不会再考虑那些过时的业务。自觉资本主义会成为最好的经营方式，没有意识到这一点的企业最后都会被淘汰。"

无论规模和行业，向"战略上担责"转变的经营趋势——不管它被叫做"社会责任""人性化管理"还是"自觉资本主义"——最终都会影响到每一家企业。因此，现在的和未来的领导者从过去的成功中汲取经验而在未来作出明智的决策就变得越来越重要了。通过这种方式，大家就会发现那些最伟大的、最人性化的企业所共有的一些特点。以下五条共性绝非偶然。它们代表着更高的要求——商学院通常不会教给你的、在多变的经济环境中越来越必不可少的技术和心态：

1. 崇高的目标：不只是为股东挣钱，这些企业到底是在做什么？真正的人性化企业是以目标为驱动力的，也就是说它们会判断出能使自己成功的某个行为的核心缘由。不论这个具体的目标是什么，它都是服务于利益相关人利益的，也引导着企业的一切，从出售的产品到它对待人类和地球的方式。譬如之前提到的，Wainwright 有着明确而崇高的目标，那就是"为大家提供平等权利和财务实力"。这个目标关乎利益相关人，它有助于满足社会经济需求，也能够使公司保持竞争力。Wainwright 的每款产品、每项服务、每条政策——从灵活的个人贷款到绿色 CDs 和先进的外联工作——都是它崇高目标的延伸。因此，Wainwright 的目标实现得越圆满，它就创造出越大的价值。

2. 坚持不懈的创新："足够好"就够了吗？对人性化的企业而言答案绝对是否定的。因为人性化的企业不断在提升标准，也在不停寻求崭新的、富于进取的途径来实现自己的目标。这种企业不会满足于享受已有的成就。格拉丝曼说："不管我们做了什么，我们都不认为自己是完美的企业公民。"就算 Wainwright 靠所有传统的方式取得成功，格拉丝曼还是会感到不安，他觉得还应该做得更多。因此他和他的管理团队常常重新组合、思考和调整战略手段。这印证了一句商业箴言：骄傲自满就是竞争的劣势，自我批评才是长久的优势。

3. 真诚可信：企业要如何赢得利益相关人坚定不移的爱和忠诚？格拉丝曼相信答案不是高成本的营销花招，甚至也不是慈善活动，答案是真诚的态度："假如我们不能在企业内部保证社会公平，那我们在银行之外也就不能树立起信誉。开放的形象以及对员工的尊重有益于客户，也给广大客户带来真实的感觉，我们就是表里如一。"像 Wainwright 这样人性化的企业不必煞费苦心地经营自己特定的形象，它们的外在表现反映了本质，它们本来就是如此。这些企业在核心中保留了一份真实，这就是有的人坚定不移地支持它们的原因。

4. 直觉：企业怎样为下一步作出最好的打算？最具创造力和人性化的企业不会因循守旧、套用旧模式、模仿竞争对手或者是向"焦点小组"寻求答案和灵感。它们自如运用着未在主流业务领域被充分利用的工具：直觉。Wainwright 最引人注目的业务突破就是以敏锐的内在直觉判断对错。就像格拉丝曼所说的，他和他的团队"就是知道该怎样做"。他们就是知道银行业面临的许多风险可以凭借更透明、负责和灵活的产品来轻易化解；他们还知道对有争议的问题采取积极的态度能更好地促进社会的平等和自主，营造内部环境、拒绝森严的管理阶层和严格的员工管理编制也能起到这样的作用。格拉丝曼和他的团队也时常误打误撞，事后证实其实是无知者无畏。领导者的直觉强烈之时，企业的潜力就是无限的。

5. 协同合作：业务根本性转变的核心是什么？要用一个特点来描述人性化的领导者最优秀的态度的话，那就是合作。人们处于像 Wainwright 这样真正协同合作的机构之中会更有力量、工作更积极。他们共同努力、达成一致、解决难题，他们创造出的成果令同行艳羡。格拉丝曼和他的团队将合作作为凝聚利益相关人和促进创新的有效手段。就像之前提到的，Wainwright 一直都在倾听和学习。它向利益相关人提供有效的机制以获取反馈并运用这些反馈加深与利益相关人的关系、强化自己提供的产品和服务。格拉丝曼证明了合作并不是放弃而是分享职权。他明白利益相关人越多地参与决策流程，这些决策最终获得的认同和凝聚力就越强。

真正人性化的企业，或者说"怀有崇高目标的企业"会茁壮成长起来，因为如果没有它们，这个社会就渐趋颓败。它们注定要去满足人们的需求，故而它们的发展对人类的价值是不可估量的，而它们的成功也是当之无愧的。这最终可以归结为一种全新的供需模型——该模型有幸保有诸多短期经济所没有的因素。那些对人们无价的业务原本就是如此，因为它们所坚持的价值要高于它们出售的产品和它们为股东赚到的钱。它将一些有意义的、真实的、必不可少的东西，一些不浮躁的、难以复制的东西变成了现实。在这样的企业里，"崇高的目标"这个概念是组织构架中不可或缺的一部分，假如拿掉这个部分，企业就会分崩离析。[①]"为大家提供平等权利和财务实力"，这个观念确实对 Wainwright 的人、产品、流程、业绩产生了影响，没有它就没有今天的 Wainwright。

---

① 对于有崇高目标企业的描述来自于 Christine Arena . The High – purpose Company. New York：Collins Business, 2007：22 –24。

　　理论上来说，Wainwright 能不能丢弃自己的棱角、放弃部分目标来暂时提升自己的股价以及最大化股东回报？答案也许是肯定的。尽管 Wainwright 破天荒地在理想和业绩之间达成了某种平衡，但 Wainwright 还是可以降低"人性化"措施的力度来提升利润——譬如说降低社会外部影响或是缩减员工福利至业内平均水平。但还是之前那句话，这种做法会削弱银行核心价值的稳定性，反之就会削弱银行的市场份额。人性化的管理在短期必然不是最具有盈利性的做法，但它确实有可能缓冲某些风险并为所有的利益相关人创造出多重的长期福利。因此要不要信奉人性化管理的问题归根结底还在于领导者，而这是个艰难的抉择。

　　当人人都在谈论"变革"，而经济、社会和环境问题已临近危险比例的时候，商业领袖就面临两难了。他们要抉择何种管理风格是眼前问题所急需的：是成为曼德拉式的领袖还是成为匈奴王阿提拉？他们要想清楚自己的位置才能达成目标：迅速周转而获得最大的回报还是以平衡的方法获取合理利润？他们还要考虑到传统的重要性。就如著名作家吉姆·柯林斯（Jim Collins）在他的畅销书《基业长青》（*Built to Last*）中的叩问："究竟是什么原因使得人们在能够作出造福长远的杰出贡献时却满足于像赚钱那样的俗事？"人性化管理在这里确实是有前景的、值得探讨的话题（表 13 - 1）。

表 13 - 1　　　　　　　　　　银行业的人性化管理

传统模式	Wainwright 模式
单一底线	双重底线
服务于股东	服务于利益相关人
高收益（私人股权）	收益稳定
隐瞒风险	透明化
缺少道德监督	坚持道德监督
客户群狭隘（重视富人）	兼容并蓄（重视社会团体）
以产品为中心	以人为本
产品导向	关系导向

续表

传统模式	Wainwright 模式
条款预设	用户自定义
等级分层	协作文化
强调营销	强调真实性
员工跳槽率高（28%）	员工跳槽率低（9%）
客户违约率高	零客户违约率
受市场危机影响	抓住市场机遇

第十四章　繁盛的投行

阿努杰·甘加哈

　　过去的两年对熟悉金融市场的人们而言，悲伤的故事都已司空见惯。几次大衰退事件意义深远，改变了人们看待复杂的金融世界的眼光。之前被认为是固若金汤的企业也并非牢不可破。它们的道德规范遭受质疑，也时常暴露出根本上的缺陷。

　　之前看似最优秀、最聪明的高管们眼见着自己名誉扫地。大量欺诈造假浮出水面，规模大到无法想象，这对普通投资者产生了灾难性的影响。所有引起质疑的混乱容易使人们不分青红皂白，将跟金融有关的事物都一竿子打死。

　　而事实是适者生存理论得到少有的印证。坦白说，那些看似最适应环境而存在下来的组织机构也许并非大家所需要的。然而随着公认的、市场不可或缺的这部分崩溃，如果你仔细观察就会发现新的机构正在形成，新的名望正在被铸就，某些企业以自我修复能力来证明自己是真的顽强不屈。

　　为什么有的公司能幸免于难而其他看起来根基更加深厚的公司却倒闭了，要解释清楚这个问题并非易事。应对危机没有标准的做法。有的是凭运气，有的是因为多少预见到即将发生的事情而相应调整了经营模式，有的是因为靠侥幸或靠判断控制好了有毒资产，而这些有毒资产正处于吞噬世界经济的完美风暴的中心。

　　这个无处不在的词涵盖了诸多银行日常经营所考虑的因素。不管多大规模，随便哪家公司都能跟你谈论自己的风险管理系统，这些系统显然良莠不齐。有的公司比其他公司都更加善于管理风险，而其中的佼佼者就从危机中幸免了，个中缘由自然不必细说。被卷入危机的人们要花费几年时间来做深刻的反省和自我批评来确保在同样的情形下类似的悲剧不会重演。

　　本章会关注几家投行——这个行业酿造了太多悲剧——这些投行漂亮地渡过了金融危机。几乎没人能够完全躲过市场的动荡。危机铺天盖地而来，公司机构都紧密联系在一起，好像没人能够完全躲过危机，但还是有一些表现出色的公司。本文绝不是流水账，也不是赢家的案例分析，接下来要做的只是尽力凸显那些出色应对危机的投行并总结出共同脉络，这些脉络以战略决策的形式使它们在空前的危机中凝聚在一起。

J. P. 摩根

　　摩根财团也许是最具有历史底蕴的超大型投资银行，它在整个危机中的表现说明辛苦积攒的经验和坚决的稳健性通常能够长久。摩根的总裁杰米·戴蒙（Jamie Dimon）在危机中确立了自己的声望，而他在其他公司的同行，那些长期以来至少能与他比肩的人物都已声名狼藉。

　　人们惯于将 J. P. 摩根在危机期间的给人印象深刻的表现都归功于一个人——戴蒙。但是那些最了解 J. P. 摩根的人则认为这种想法有失偏颇。实际上 J. P. 摩根的成功是由于它的管理结构相对扁平，鼓励银行家们表达自己的想法，而那些损害投行利益的政策对它通常没有影响。摩根天生就是稳健的机构——这是本章要论述的摩根与大多数银行相通的地方。

　　在摩根公布了 2009 年第四季度 33 亿美元不俗的盈利之后①，戴蒙就上一年的事件发表看法说："经历过这次金融动荡之后，我们的员工就一直注重银行应该做好的事——支持并服务好我们的 9 亿位客户以及我们的社区，拿出亲近客户的产品和政策，以及继续提供贷款。我们在一年内向客户新增了 2 500 亿美元信贷，对于公司和政府客户，我们或对其提供贷款，或协助其获得了将近 100 亿美元的

① 银行所有的财务业绩均来自于银行自己公布的季报和 SEC 的档案。

贷款、股票和债券。最后对于我们在全球的员工，从程序员到柜员到管理人员，我为他们感到骄傲。依靠他们不懈的努力我们的公司才能得以保全并维持健康和活力，而且还能有余力支撑全球金融体系、帮助那些与我们开展业务的国家。"

摩根在整个危机中最强悍的表现是 2008 年和 2009 年全年，2008 年它的净收入和股价分别为 56 亿美元和 1.35 美元每股，2009年它的净收入和股价则为 117 亿美元和 2.26 美元每股。业内一份出版物《国际金融观察》（*International Financing Review*）将摩根选为2008 年的年度银行。它还横扫了其他一系列小类别奖项。《国际金融观察》的评论感谢 J. P. 摩根信奉老式的银行品行，"它是 21 世纪前半页最卓越的金融机构。它以绝对谨慎的经营避开了金融危机大部分的伤害，也建立起让同行羡慕的全球投行交易机制"。

过去的两年里也有人批评 J. P. 摩根只凭借死守着稳健保守主义来渡过危机，而这两年也正是它的竞争对手崩溃沦陷之时。那些批评的套路是"得了，你是损失不大，但你也没有真正参与进去，所以所谓的'胜利'只是有名无实罢了"。摩根确实避开了某些领域，这些领域后来成为其他银行绝对的灾难——比如次级抵押贷款。但这并不是因为 J. P. 摩根对前期烦琐的准备工作不堪其扰，也不是因为缺少人员或专家来理清这些产品的头绪，只是因为这些产品与它的价值观不相符。J. P. 摩根的联合 CEO 比尔·温特斯（Bill Winters）告诉《国际金融观察》的记者："对回报的要求令我们远离次贷敞口。我很想说我们预见到危机会来临——而其实我们也没有预见到。但我们看到的是这个行业风险/回报关系的紊乱失常。"

J. P. 摩根一直以来都得因为坚持捍卫自己的观点而忍受某些痛苦。2006～2007 年有将近 100 位员工离职加入美林的结构信贷产品队伍，指责它错失一些意外收益的声音也在迅速而成倍地增加。然而它坚持自己的原则，坚定信奉着创建者的理念。处在以大量"新奇"产品为特点的危机之中，J. P. 摩根想方设法以传统的理念和方式来经营。

正是回归原则、依靠原则才使得 J. P. 摩根避免了许多拖垮其竞争对手的问题。

加拿大银行

加拿大皇家银行（RBC）、加拿大帝国商业银行（CIBC）和多伦多道明银行（Toronto Dominion）等加拿大银行从危机中幸免，这似乎与银行本身没有太大关系，更多是因为它们是加拿大的银行。略扫一眼加拿大的金融体系你就会发现在银行可圈可点的成功之中，最重要的应该就是加拿大的信贷比美国少。加拿大银行资产中20%是房屋贷款。这个水平接近稳定，而且从20世纪80年代开始就是如此了。比之于美国26%的资产负债率，加拿大看起来要可持续得多。

加拿大的抵押品也比美国的更具有吸引力。抵押贷款市场中次级抵押贷款只占到1/20，而美国在危机前约有1/6的抵押贷款都是次级的——2004～2006年有近1/4的抵押贷款都属于次级抵押贷款。

整个危机中加拿大银行业的财务业绩表现优异，RBC可能就是最好的例子。2009年该银行公布的全年利润为39亿加元。之前的一年，也就是危机在全球肆虐最严重的一年，它的业绩更好，公布的净收益为46亿加元。2009年的权益回报率为11.9%，而2008年为18.1%。2009年摊薄每股收益为2.57美元，2008年为3.38美元。

根据德勤咨询公司的研究，加拿大的银行尽管毫无疑问由于更有利的传统体系框架而比美国的同行更好地应对危机，但它仍旧在三个主要方面受到影响。

首先，受全球流动性危机的影响，现在大家借款的成本更高了——包括银行在内。同美国的银行一样，面临大量坏账冲销的加拿大银行猛然间发现自己在增加资本金方面受到阻碍，而这些资本金正是满足保证金追加要求和维持市场信心所必需的。这也是美国股票下挫的部分原因。尽管加拿大金融机构受到的影响没有那么强烈，但更高的借款费用增加了业务成本，对盈利能力造成了负面的压力，使它很难保持可持续的增长。

　　其次，有美国资产头寸的或者是在美国有大量业务的加拿大的银行，它们的市值肯定会下降。与此同时，金融行业的资产负债表因缺少透明度令投资者很难判断某个机构的风险高低状况。结果就是整个金融行业的价值评估都岌岌可危，即使是那些没有多少美国资产敞口的机构也是如此。加拿大的银行对美国市场蔓延过来的危机视而不见，加拿大国内的银行还在吹嘘会有某种力量一直庇佑着自己，譬如说加拿大的银行比美国的同行们具有更好的资本状况且一般而言风险更低。

　　最后，《加拿大银行法案》要求贷款人对抵押债券承销业务采取更加保守的态度——该项要求限制了加拿大的次贷敞口。全球的金融机构都想方设法要在复苏后占有一席之地，加拿大的银行要想不掉队，就得开始了解自己的风险并且在任何可能的领域内缓冲风险。加拿大国内的银行近来也加入全球银行的队伍，检查自己的制衡机制并判别出潜在的薄弱环节。

　　根据德勤的研究，大多数自我检查的过程包括检查交易对手的财务稳定性以评估风险暴露、制定情景测试和应急计划以确保有合适的战略来应对一系列可能存在的后果。它们还修订更新了现存的制度以保证持续不断地运用独立的评估方式来评估风险管理过程的强度和灵活性，以此确保风险水平保持在可容忍的水平之内。随着仇富情绪的持续蔓延，大多数公司都对自己的高管薪酬制度进行了全面的检查。

　　谨慎的作风又重新得到强调，银行业内有些人开始担心整个银行业务会变得谨小慎微，大家都把机遇晾在一旁。加拿大的银行要努力组织起内部管理，也应该要留心外部的市场机遇。除了以低廉的价格购买了美国的不良资产，加拿大的银行也准备好趁跨国公司舍弃自己在加拿大的子公司的时候通过并购来壮大自己。同样地，在美国的加拿大公司现在肯定倾向于将银行合作关系由美国的银行转向相对安全的加拿大的银行，这是拓展市场份额的绝佳时机。德勤在一份报告中写道："对加拿大国内的银行而言，目前的状况可谓是并购国外机构以实现发展壮大的千载之机。然而它们的盈利能力将会取决于它们的系统是否足够灵活以作出明智而及时的应对。"

西班牙国际银行

　　要说明西班牙的西班牙国际银行（Banco Santander）如何漂亮地渡过危机，最好的表述方式就是当危机肆行暴虐，其他银行沦陷挣扎或完全崩溃的时候，西班牙国际银行的盈利排名迅速上升到世界第三位，股票市值排在世界第七位。《银行家》作为业内极具影响力的刊物，最近授予西班牙国际银行2009年"全球最佳银行"的殊荣，为它的杰出表现锦上添花。《银行家》还提名西班牙国际银行为西欧、西班牙、英国、德国、葡萄牙、波多黎各的"年度银行"，这更证明了西班牙国际银行如今是银行业真正的国际巨人。据《银行家》的编辑所说："毫无疑问，完美地渡过危机并抓住其中机遇的银行就是它。"

　　这家银行似乎是找到了门道，将积极的销售策略与扎实的风险管理、严格的成本控制结合在一起——这是它与J. P. 摩根以及法国巴黎银行的共通之处。在本质上将三者区分开来的是保持银行原汁原味的经营方式的能力。但是知道回归基本的工作重点和真正将它付诸实践完全是两码事，就这一点而言，西班牙国际银行做得特别成功。

　　西班牙国际银行的主席埃米利奥·博坦（Emilio Botin）说："现在我们的目标就是为了我们的客户、员工和股东而保持全球最佳银行的地位。我们一直在努力，正如我们过去一个半世纪所做的那样：下工夫、有决断、重道德。"

　　西班牙国际银行是西班牙唯一一家获得《银行家》年度全球银行奖项的银行。2008年西班牙国际银行还被极具影响力的《欧洲货币》杂志评选为全球最佳银行。2009年，《欧洲货币》将西班牙国际银行列为西欧最佳银行。

　　2009年，西班牙国际银行首次获得来自英国和德国的《银行家》颁发的年度银行奖项。该奖项的获得是基于这样一种情况：

"2008 年净利润 20% 的增长让人难忘，随后 2009 年前三个季度还有令人惊愕的更大幅度的增长。" 2009 年，该银行新开立账户就有 80 多万家，它还增加了超过 10% 的英国抵押贷款、储蓄、银行账户和分支机构，而同期盈利则上涨了 30%。

西班牙国际银行在德国主要以桑坦德消费金融公司（Santander Consumer Bank）的形式来经营，《银行家》杂志这样写道："就在德国银行业挣扎求生、寻求政府帮助的时候，桑坦德在德国继续引入创新产品，资产增加了 39%，并实现了 35.6% 的惊人的股东回报率。"

西班牙的经济遭受危机的重创，但桑坦德集团在国内主要的两家机构——桑坦德分行和西班牙信贷银行（Banesto）——成功创造了令人瞩目的高度可持续的盈利并且严格将其不良贷款控制在远低于行业均值的水平，桑坦德银行涉猎的领域很广泛，但本质上它还是一家立足西班牙、遍布全世界的零售商业银行。

2008 年末桑坦德是欧元区市值最大的银行，也是世界盈利第三的银行。桑坦德成立于 1857 年，到 2008 年末它拥有 127.1 亿欧元的管理基金。在 2009 年 1 月收购了苏维瑞银行（Sovereign Bancorp）之后，它就拥有了 9 亿名客户和大约 1.4 万家分支机构——比其他任何一家跨国银行都要多——以及超过 17 万名员工。它是西班牙和拉丁美洲最大的金融集团，在英国和葡萄牙都处于领先地位，而且桑坦德消费金融公司遍布欧洲。在 2009 年的上半年，桑坦德报表上可分配利润就已达到 45.19 亿欧元。

如今这家孜孜不倦的西班牙银行又将目光瞄准了亚洲。2008 年，它在香港建立起小规模的亚洲总部，现在该地区约有 120 名员工，在澳大利亚、中国、日本和韩国都设立了分理处。当时银行的亚洲团队就已经忙于为亚洲和拉丁美洲之间的现金流转和交易提供服务了，它在其间有着强大的交易网络和坚实的客户基础。但是桑坦德的长期志向还要宏大得多。

摩根士丹利的分析师说："在最近银行业的价值重估之后，我们认为桑坦德是非常具有吸引力的银行。对许多银行而言，投资者在

2011～2012 年之前都要为跨国银行的整体价值买单，而我们相信在像桑坦德这样优质的银行身上是不会发生这种事的。"摩根士丹利对股票的评估假设投资者会一直注重行业的长期盈利能力这种不确定的因素。

"我们认为桑坦德最快会在 2010 年开始新一轮的收益增长。基于最新的估计（我们将 2009 年和 2010 年每股收益的预估分别提高了 13% 和 8%），我们所信赖的还是稳健的收入和资产质量，股票以 8x P/E 11e 和 1.8x P/NAV 11e 价格进行交易。这种价格并非宏观环境最终复苏后所可能达到的市盈率水平。"分析师还强调了桑坦德有利的战略位置："强有力的核心资本金比率（我们估计到 2010 年末核心资本金比率为 8%，保守估计在巴西 IPO 的话会在 8.4%），再加上创造资本的能力以及有目共睹的管理能力，这些都使得桑坦德处于有利地位，能够从潜在的市场机会中获益。"

该银行主要的问题在于监管风险可能带来的影响，这可能意味着更高水平的资本金需求并由此削弱银行通过并购重组来调整资本金比率的能力。但在此间，银行强有力的资本状况降低了发行风险，从而仍旧使它处于相对有利的位置。

法国巴黎银行（BNP Paribas）

巴黎银行能够一眼看穿风险。这家总部位于法国的跨国银行是建立在风险管理专家的基础之上的，而专家脑子里全是法式教育所培养出的数学思维。巴黎银行运用一项实用的主要指标就锁定了危机的开端，当时它在 2007 年 8 月 9 日冻结了三只基金，这也使它保全了自己的名誉。这个举动有点事后诸葛的意思，也只是它在之后的两年里在金融市场的一片狼藉中如履薄冰的简单写照。

巴黎银行现在是欧洲市值第三的银行，位列汇丰和桑坦德之后。就整个集团而言，自危机开始之后它没有一个季度不是盈利的。2008 年第三季度，集团共创造了 13 亿欧元（其中 2.77 亿欧元来自于富通公司）的净利润（应付股东利润），与 2007 年同期危机灾难最深重的时候相比，增加了 44.8%。

最新的数据显示该集团创造了 107 亿欧元的收入，相较 2008 年第三季度上升了 40%（2008 年第三季度的收入包括债务重估导致 3.08 亿欧元收入下降以及 1.23 亿欧元收入增加）。它的经营成本增长了 30.2%，达到 60 亿欧元，营业收入上涨 55.3%，达到 46 亿欧元。

2009 年前三个季度，集团就实现了 301 亿欧元的总收入（相较 2008 年同期增加了 33.8%），股东可供分配的净收入为 45 亿欧元，如果不算翻倍的风险成本的话，比上年同期增长了 1.8%。它的贷款减值和损失都相对有限：在它 180 亿美元的资产中，次级债券和杠杆贷款只有 36 亿美元（相比较之下，美林 518 亿美元的减值就占到了资产的一半）。巴黎银行目前的评级是 AA 级，还被评为全球前六大银行之一。它能够安稳地渡过危机，很大一部分原因是巨额的零售业务。

巴黎银行不单是只有雄图，它还坚守着稳健主义，它的风险管理者能够参与银行的最高决策。贯穿于整个机构的数理上的精准意味着它永远不会有像其他大多数金融机构那样因为缺乏对结构化和股权产品的了解而被曝光丑闻的危险。巴黎银行以专业做衍生品而闻名，但当大家都争先恐后去做一些显然无法明确弄清楚其中情况的产品之时，巴黎银行仍旧继续贯彻严谨的策略，在市场繁荣的时候严谨的策略会使股东回报率低于某些竞争对手，但这些竞争对手后来都置身于危机之中了。银行避免危机最坏影响的关键就是不要涉足将银行拖入泥淖的次贷抵押证券和其他高风险贷款。

2005 年正是为数不多的稳健的机构也开始发放最糟糕的次级贷款并进行证券化的时候，此时巴黎银行也只是归并了美国的抵押品交易服务（mortgage - trading desk）。巴黎银行购买的那些复杂的次贷主要还是客户的要求而不是为了自己的利益，所以它能很好地对冲掉头寸。

巴黎银行的管理者是 CEO 柏杜安·普罗特（Baudouin Prot），他在巴黎银行的工作始于 20 世纪 80 年代早期，那时它还是由国家控股的，麦克·裴博罗（Michel Pebereau）在 2006 年之前一直担任巴黎银行的主席兼 CEO，被大家认为是那一代最优秀的银行家。在工作的最后五年他们通过成功并购将巴黎银行的规模扩大了一倍并将它转变为欧洲的经济动力室。巴黎银行的三大支柱为集团奠定了远胜于竞争对手的根基，这三个支柱是零售银行业务、公司投行业务以及投资方案——包括资产管理和私人银行。收购富通的核心业务比利时银行则更加巩固了自己的地位。

收购富通给巴黎银行带来卢森堡和比利时两大国外市场，除此之外它在这一年内还做成了几笔小规模的交易，比如说在其他银行忙于自保的时候争取到了美国银行主要的经纪业务。巴黎银行还表示自己"会继续创新和扩张，同时也会保持谨慎"。

结语

危机肆虐的时候，还是有人受到的伤害相对要小。那些繁盛的银行有着共同之处，那就是稳健主义、相信并严格实践风险管理。它们以这种方式向一些华尔街著名的公司展示了在如此严重的衰退之中掌控业务的途径。它们从之前的危机中花费数年经历才能做到这种程度，对客户和股东最有益的事物它们都保持着高度敏感。它们的长期愿景始终如一，这个愿景早在危机之前就已刻画好了。对长期股东价值的崇信裨益颇多，尤其是市场多变性使数年时间建立起的业务模式在一夜之间就轻而易举地发生了调整。它们对恐慌寸步不让——这种情绪盛行于全球的交易大厅和董事会办公室。这些银行改变了投行的强弱秩序。它们是金融体系中新的支柱。金融体系已经发生了改变，也许是朝着有利于这些银行的方向。记忆保存的时间是短暂的，我们似乎也不大可能马上看到高风险回报的方式对已经运转了 30 年的投行产生影响。我们很可能看到的是一个更加单一、更加纯净、更加可靠的体系，这个体系尊重它的顾客，同时还不忘银行的基本业务。

第十五章　结语：另一种存在方式

——用德行经营

海科·施皮策克　麦克·皮尔逊　克劳斯·迪克斯迈尔

历史告诉我们，全世界还没有办法有效地解决金融危机反复出现的问题。关于严厉的监管手段，2002 年的研究就已经作出了结论，"无穷无尽的盛衰循环周期监管在长期内作用微乎其微"。（Ribstein，2002：61）。像英国金融服务局前主席霍华德·戴维斯（Howard Davies）这样有见地的从业者也认同技术上的合规对预防危机的作用不大。① 在这种情况下有两个很重要的问题需要得到解答：其一，监管为何不起作用？其二，另一种机制是怎样的？

监管为何不起作用

监管的大体方式是制定新的法律并期望人们遵照执行——就像机器中轮齿咬合般精准。这代表了社会学习的一种社会技术方法，在其中人们被视作法律激励系统中的变量。另外，除了政府，谁也不会被要求作出行动。一个重要的假设前提是所有其他的参与者只管适应能解决问题的新规则。该系统中的其他参与者没有责任，因为所有的责任都托付给法律框架来完成。这里重申一条最基本的规则，那就是央行作为最后贷款人的作用。央行提供了系统性的安全气囊缓冲，刺激银行承担过多的风险。在财务成果和个人收入不受

---

①　Fr Christopher Jamison. the Abbot of Worth. London, St. Alban The Martyr, 2008 - 11 - 11.〔2009 - 02 - 21〕http://www. operationnoah. org/resources/religiousinspirations/ changing - climate - spiritual - steps - sustainabliluty.

任何风险影响的情况下，金融专家们会像往常一样若无其事地回归到业务中去，却不趁着危机反思自己应该为保住整个金融体系的德行付出怎样的努力。主流金融行业的"创新"注重的是在创造高利润的同时保证合规，在形式上不打破游戏规则。

只要这次危机的影响一从公众的记忆中消退，金融体系中更多的投机者就又会将监管视为攫取利润的束缚。他们会渐进而明确地返回到反对法律约束的立场上去并声称这是为了市场自由化。《格拉斯—斯蒂格尔法案》的废止表明届时在某种意义上他们一定会成功，从而也就为下一次危机乃至于接踵而来的监管浪潮埋下伏笔。

各方互相指责，这就是危机之后的典型状况。媒体立即行动起来，寻找罪魁祸首。被指为贷款给信用不良的客户的银行家首当其冲，接着他们又批评监管者未能提出必要的制衡机制，客户则被指责在财务能力范围之外进行借债，评级机构因为未能发现 MBS 的风险并从它们的审查对象那里获得收入而受到指责。商学院则不该以短期功利主义和利润最大化的态度来教育银行家和管理者。不管怎样，危机是系统性的，这些遭到指责的对象谁都不能置身事外。换句话说，将心存善意的人放到同样的位置上结果也不会有所改变。只要金融体系受制于猎取盈利和红利的机会主义者，我们就无法预防未来的危机，人们也就不能单纯地监管尽职行为。

我们需要有责任感的个人，不管别人怎样，他们坚信自己的原则。他们也理解善法的价值，这样的法律为金融业铺设了坦途。但是不论是善法还是善意者，单靠一方都无法解决道德问题，我们需要双管齐下。人性化的原则提供了道德引导以评判人和法的德行。[1]而为了实现这一点，金融管理者不仅要被训练为技术上的专家，还必须得接受教育以理解并尊重自己行业规则的本质意义。

大家都不想置身于监管的社会技术约束之中。因此遵循新规则的时候他们会充分利用自己选择的自由。人们通常都选择遵守律法

---

① Dierksmeier, C. The Freedom - Responsibility Nexus in Management Philosophy and Business Ethics. Journal of Business Ethics, 2011. 101 (1): 263 -283.

的字面意思而非其内在精神，而如果没有被鼓励去思索律法存在的意义，又怎么能希望他们遵循律法的内在精神呢？假如人们受到鼓励而去理解新规则的价值和缘由，他们也许会照做，但如果只是简单地强制实施这些规则，人们也一样不会遵循它的内在精神。

银行业中善良的人和机构都在哪里呢？

在危机之中，了解另辟蹊径的作用是十分重要的，尤其对金融业而言。能够这么做的机构少之又少，但是某些金融服务公司却在金融业沉郁的环境下由于与众不同而登上了媒体的头条。有的银行存款迅速上升，有的抵押贷款公司依旧有能力贷款给有潜力的房屋所有者，还有的几乎不持有引发数十亿美元损失的金融市场工具头寸。

在本书中我们领略了那些来自金融服务行业的公司，它们在狂风骤雨中矗立不倒。在本篇结语中会提出一些我们认为这些机构所具有的共同点，这些共同点使得它们比大多数机构都更加坚强。

在阅读过本书之后，见识广博的读者会奇怪为什么其他某些经受住暴风雨的银行没有作为案例出现在此间。要解答这个问题，就来看看我们是如何甄选金融机构的，这也是工作的一个基本部分。我们征集了优秀案例的电子邮件讨论名单，邀请全球的研究人员为这项计划出一份力。某些银行未能在本书中有所展现，这是因为没有作者自愿为其撰写案例分析。假如这种情形在未来得以改善，人道主义管理组织很高兴出版第二本书来为您手里现在的这本做个补充。更大量的案例也许还能提高本文所述结论的质量，因为我们很清楚自己搜集的案例是非常典型的金融机构。

本书案例筛选一条很重要的标准是对金融危机影响的"免疫力"。除了 ShoreBank 和 Banca Prossima 之外，本书中介绍的其他所有银行自 2007 年到 2010 年，亦即在金融动荡最严重的时候都有良好的财务表现。只有三家银行运用政府基金来抵御危机。ICICI 依靠印度政府。干尼亚合作银行申请了政府基金，但时至今日都还没有因为财务健康问题而动用这笔基金。BB&T 使用了 31 亿美元的问题资产纾困计划资金，主要不是为了在危机中求生，而是为了"刺激地方社区发展"。

当其他银行挣扎在生死线上的时候，我们的某些银行还能够通过并购扩张市场份额；而另一些银行贷款组合与客户数量都有显著增长。表 15-1 概括了本书中描述的银行人道主义管理实践是如何帮助它们渡过 2007~2010 年的危机的。

表 15-1　　　　　　　　危机之中银行的竞争优势

竞争优势	范例
通过并购提高市场份额	Banco, Santander, ABN AMRO Real
提高贷款组合质量	People's United Bank, Wainwright Bank & Trust, Triodos Bank
低水平不良资产风险暴露	Banca Prossima, GLS Bank
低员工跳槽率	Cooperative Bank of Chania, Wainwright Bank & Trust
客户忠诚度	Wainwright Bank & Trust

危机免疫

观察危机中的赢家，这种方式就好比是通过询问"什么原因使其他银行抵御或免于危机的侵害"来进行危机免疫。循着本书开篇的思路，我们特别感兴趣于这些银行和金融机构如何从机构和个人层面来预防投机主义危害。

序言中对投机行为的判断是基于三种表现形式：（1）靠传播以钱生钱的谬论来提高盈利能力；（2）高管薪酬计划刺激了投机行为；（3）以金融服务机构间的竞争为名鼓吹宽松的监管。

按照同样的思路，我们对书中样本企业的管理方式进行了案例分析。

与盈利能力的关系

卷入危机的银行被指责在景气的时候将收益据为己有，在环境不好的时候却将损失推向社会。这些机构衡量成功的标准就是提交给股东的季度利润表。正如诺贝尔奖获得者约瑟夫·斯蒂格利茨所描述的，基于市场价值而创造出的利润要比在实体经济中创造利润来得容易。本书中的银行勇于担责，选择为实体经济创造利润，因此可被视为有崇高目标的人道主义企业。[①]

致力于创造社会价值

要弄清楚银行究竟是在为谁谋福利，人民联合银行的 CEO 菲利普·谢林汉姆的话给出了一个主要的标准："我认为你得问问自己成功的标准是什么。"书中所写的使命将银行置于服务社会的位置上（见表 15 – 2）。

表 15 – 2　　　　　　本书中银行的使命

银行	使命
ABN AMRO Real	对社会变革作出贡献。
Banca Popolare Etica	任何形式的信用都是人的权利。对道德银行而言，这些权利和过程被转换成一种逻辑，即注重对市民社会，特别是对相对弱势的成员提供服务。
Banca Prossima	企业追求的目标应该是创造社会价值。
BB&T	银行的使命是：帮助客户实现经济上的安全和成就；创造一片天地，我们的员工能够在其中学习、成长并从改造社区的工作中获得成就感，以此来令世界变得更美好。
CCML	致力于携手创造经济和环境都健康的社区，在这样的社区中，所有人，尤其是低收入人群，都能够充分发挥自己的才能。
Cooperative Bank of Chania	Philotimo——荣誉感激励着人们为他人谋福利。
GLS Bank	该银行的目标是贡献于社会的可持续发展。GLS 将金钱视为在社会中达成目标的方式。
ICICI Bank	为充分实现印度的潜力而发挥积极作用。

① 见 Arena（2006）及其在本书中 Wainwright 一章。

续表

银行	使命
J. P. Morgan	支持并服务于 9 000 万客户以及所在的社区。
People's United Bank	投资于所在的社区。
ShoreBank	ShoreBank 投资于人和社区，创造经济平等和健康的环境。
Triodos Bank	鼓励为寻找社会创新的项目进行融资。Triodos 希望致力于人类社会发展。
Wainwright Bank & Trust	促进社会变革。

这些银行人性化的方式诠释了自己的使命，回答了"为何存在"以及"为何被社会需要"的问题。一些眼尖的读者可能会认为其他拥有相似愿景的银行也深受金融危机蹂躏。公司的愿景需要与日常管理相结合，我们的案例示范的是一种更加以人为本的管理实践。相比于其他银行，它们的使命真正起到了指导作用，而银行自己则悉心践行。那么它们是如何做到这一点的呢？

坚持明确的经营原则

目标源于使命，银行旨在坚持真实的业务并对客户的生活质量和所在社区产生积极的影响。由于银行颇有兴趣于提高社会生活质量，它们显示出与盈利特殊的关系。一些银行，比如 Banca Prossima，有目的地采取"薄利模式"来实现利润的公平分配。与之相类似，Banca Popolare Etica 将利润分配给所有创造收益的人们。CCML 用自己创造出的利润来为非营利母公司筹资。本书中银行的利润分配要比它们的主流竞争对手广泛得多。内部的利益相关人，连同外部的利益相关人都觉得自己没有被绑架为股东创造利润。

并不是说盈利不重要。银行需要健康的财务基础，在此之上才能够为社会创造价值。然而本书中银行与利润之间有特殊的关系，它们更多地可以被看作利润餍足者而非利润最大化的创造者。BB&T 就是利润餍足或利润最优化的典范。BB&T 的回报最优化策略的基础是提供了出色的客户服务、确保员工各司其职并且明白经济成果与其所在社区的成功密切相关。

　　即使是对 J. P. 摩根，阿努杰·甘加哈也曾说过它的稳健主义受过何种批评："得了，你是损失不大，但你也没有真正参与进去，所以所谓的'胜利'只是有名无实罢了。"这样的批评适用于本书所有的案例。而本书中所有作为案例的银行可能都只会像 J. P. 摩根那样进行回应——这些业务就是与它们的价值观不相符。这与人民联合银行一位分析家的思路不谋而合："假如你真的相信人道主义对银行经营的影响，就得要忍受惨淡的季度收益数据。"由于人道主义使命和价值，这些银行永远不会追求利润最大化，它们从事的是完全不同的事业。它们的"胜利"不能简单表现为财务上的盈亏。人们应该更加深刻地看待这些银行的胜利，因为它们避免了金融危机的社会恶果，比如让自己的客户流离失所。正是它们的成功反过来帮助这些银行赢得了客户尤其是未来潜在客户的信任——它们因为坚守原则、没让业务伙伴失望而闻名（见表 15-3）。其他银行失去了这种信任，因为它们将客户的流离失所当作生意上不可避免的结局、一种不反映在自己资产负债表上的外在因素。

表 15-3   本书中银行的原则

原则	举例
审慎	Wainwright 只有在银行相信自己能够协助客户偿还贷款时才会放贷。 GLS 不参与投机，因为投机行为与其价值观不相符合。
关系 & 反应能力	Triodos 坚持认为储蓄者和贷款人之间需要某种联系。储蓄者需要知道自己的钱被投资于何处。 Wainwright 旨在倾听更多声音、作出更好的反应。这就要近距离地检视利益相关人深层次的需求以及最值得为之奋斗的事务。 CCML 将自己的成功回溯归结为"完全是关系上的事"。
真诚 & 批判性的忠诚度	BB&T——对于银行的每日决策，员工必须表达自己的见解并说到做到。 GLS 鼓励层级之间"公开和真诚"的对话。 J. P. 摩根的管理者要表达自己的想法。

续表

原则	举例
透明化 & 换位思考	GLS 公布了自己全部的贷款及其用途。 Triodos、GLS 和 Wainwright 实行高关联的银行业务，倾听客户的需求，为协助客户获得成功而设计产品。 People's United 坚持认为储蓄者需要获得福利，因此他所在的社区也能够获得福利。
正直 & 真实	BB&T 强调经营行为要与机构的原则保持一致。 在巴西，ABN AMRO Real 只与认同共同原则的客户打交道，因为如果不这么做的话，这些原则就毫无意义了。

本书中的银行都对原则严肃以待，并日复一日地坚守着。它们不会轻易避开某项原则以赚取不义之财，因为它们知道自己坚持价值的方式决定了自己的本质。它们永远不会被人叫做"贪得无厌的放贷人"。

风险管理

审慎、反应能力、换位思考以及透明化等价值品质都与风险管理有很大关系。从原则价值到投资于实体经济再到为客户和社区创造福利，本书中的银行都对风险管理采取了严谨认真的态度。Wainwright 只有在相信自己能够协助客户偿还贷款时才会放贷。Wainwright 不是将偿还贷款的责任扔给客户，它是与客户共同承担责任，帮助财务有困难的客户。很显然，这种方法给银行带来更重的负担，它要求银行仔细倾听客户的需求，评估将要为其融资的项目及其融资方式。与客户保持密切关系也能够确保银行提供的产品是客户能够理解的。与此同时，坚持这样的策略能保证避开次级贷款。

像桑坦德、J. P. 摩根和巴黎银行这样的银行出于业务主旨的原因，就是不涉足次级贷款：假如无法计量风险那就不要涉足其间。出色的风险管理技术使它们免于大范围暴露于金融危机之下。人民联合银行一贯质疑像旅鼠一般盲目的行为，鼓励管理者为自己考虑、为长远考虑。

当然，所有这些风险管理手段都有助于银行维持对不良贷款较低的风险暴露。

公司治理与利益相关人管理

关系人原则也渗透进公司治理的安排之中。本书中的许多银行都采取了合作的模式（Banca Popolare Etica、Cooperative Bank of Chania、GLS），这是一种更加民主的决策方式，合作成员都积极地参与机构的政策和决定。

然而也有其他银行采取更加民主的管理形式。例如特里多斯不允许大股东掌控股东会。股东最多可以持有7.5%的资本，对股东会的影响小于1%。为了保证这种形式可行，特里多斯没有公开上市。

银行还积极与利益相关人寻求价值探讨。CCML同时建立了独立董事会和咨询委员会来代表低收入社区。Banca Prossima也设有咨询委员会来代表非营利机构、指导企业团结凝聚和发展举措。特里多斯在利益相关人的事情上总是深思熟虑，尤其是在像开拓有机农业这种新市场的时候。补充研究（Spitzeck and Hansen，2010）也发现一种新趋势，像联合利华（Unilever）、英美铂业公司（Anglo Platinum）、荷兰拉博银行（Rabobank）、丹麦诺和诺德公司（Novo Nordisk）以及合作银行（The Cooperative Bank）的董事会结构之中，利益相关人在公司治理流程上也可以提出自己的见解（亦见 Turnbull and Pirson，2010）。要求有利益相关人参与的管理创新提供了稳固的公司决策框架，这种框架注重的是价值创造流程中各方的利益。以更民主的方式面对金融危机，这个观点已由加布尔雷斯（Galbraith，1975）提出。

高管薪酬

英国财政大臣阿里斯泰尔·达林（Alistair Darling）在2008年宣布政府限制苏格兰皇家银行对员工的奖金支付，他说："我们想要看

到一种习惯的转变，短期的奖金被长期的激励所替代。"① 他一定是
受到了本书中银行薪酬工作的启迪。

一些银行将 CEO 的薪酬与平均员工工资相联系而设定上限。
Banca Popolare Etica 采取的是 6∶1 的比率，而特里多斯则选取了
7.7∶1的比率。其他银行，比如 Banca Prossima 和干尼亚合作银行运
用的是集体绩效体系。GLS 和特里多斯明确地反对个人奖金体系。
大多数银行对薪酬采取的是长期的、以使命为中心的观点，这是另
一种保证银行不辜负自己愿景的机制。

即使是在发放个人奖金的银行里，管理者也会随着经济气候作
出相应的举动。面对危机，BB&T 的管理者表示除非有出色的业绩，
否则不会接受奖金，他们表现出了道德上的睿智，也显示出他们不
会只为钱财所动。

从书中大多数银行的激励体系中常可以看到银行付给管理者的
薪酬要比竞争对手少得多。特里多斯认为那些只为钱所动的人应该
另谋高就，因为他们与本银行的文化不合。类似地，只有认同人类
有义务承担社会使命的人才会被 CCML 聘用。CCML 的 CEO 查理·
施皮斯认为自己的团队"首先将自己视为低收入社区的代理人"。与
非营利领域的专业工作一样，管理者们感受到的是精神上的满
足——为超越物质利益意义的机构工作。

给予高管和股东更少的回报，这是坚持银行价值原则的又一个
特征。当其他银行的利益分配仍然建立在传统的股份所有权以及职
位层级之上时，本书中的银行已将自己的收益在不同的利益相关人
之间更加公平地进行分配，并将收益再投资用于自己的社会使命。

游说

为人类创造价值，受到这个愿景的激励，本书中的银行一直以
来都致力于革新，开发新的市场和产品来为利益相关人谋福利。这

① Chancellor sets RBS bonus limits. BBC News, 2008 - 02 - 17.

也包括确定政治立场，正如几家作为榜样的银行所做的（见表 15 - 4）。用 ShoreBank 的话来说就是：

"我们合法地运用盈利的、私有的、接受监管的银行来将被保险所覆盖的存款转变为发展贷款，以此为中低收入人群尤其是少数边缘人群谋取福利。因此我们必须使这种过程合法化，为了我们自己、也为了其他利用国家银行系统来促进发展的机构……从更广泛的范围来看，我们所奉献的事业是其他机构也在做的，使低收入人群唯一能获得的私人非政府贷款的渠道更加民主化。"

ShoreBank 的案例向人们表明还是有银行来担起责任，为了人们的利益开发新的信贷系统并使其合法化。创建者创造出一种模式，将私人的资金输送到社区发展领域，由政府的退税提供支持。这个系统不会混淆方法和结果。融资的方法是为了提高社区的生活质量。为了将这种合法的政治话语权同更具有投机性的行为区分开来，我们将其称作"公民主张"——为了社会的利益而进行游说。

银行也会为与对手方做交易的原因进行游说。CCML 在为之融资的项目中提出社会和环境问题，进而鼓励客户采取更加人性化的管理方式。信贷审批的核心问题也因此变为"该项目将如何帮助社会发展变得更加可持续（例如 GLS）？能否起到杠杆作用来创造更多的社会和环境价值（例如 CCML）？"

表 15 –4　　　　　　一些银行的公民游说

银行	话题	成果
ABN AMRO Real	微型信贷	巴西政府向微型信贷投入资金。
Wainwright	同性恋交流	支持政府的《反就业歧视法》。行内 10% 的员工是公开的同性恋。
ShoreBank	社区经济发展	克林顿总统的《银行业和金融机构社区发展法案》。
GLS	可持续发展	全球银行价值联盟的积极成员。
People's United	青少年辅导和预防暴力欺凌	成为政府打击暴力、未成年人饮酒和药物滥用的协防成员。

　　为了倡导更加人性化的银行模式，像 Banca Popolare Etica、GLS 以及特里多斯这样的机构在全球银行价值联盟中都表现活跃。全球银行价值联盟的成员都是以投资社会为使命的银行，它们的投资价值在于人类发展、社会凝聚力和自然环境保护。① 该联盟倡导另一种积极可行的现代金融体系。

　　书中银行的游说活动说明它们在法律上和政策上参与了立法程序。身为说客就应该为普通民众和纳税人主张利益，民众和纳税人时至今日仍在援助着困难重重的金融机构。上述银行（见表 15 - 4）的公民游说行为表明它们的所作所为是为了利益相关人的利益，能够庇护公众对抗任何投机主义的说辞。这个目标也能够检验辨别投机主义和公民游说行为。

支持的影响作用

　　我们将本书中银行的成功总结为以德行经营业务，要强调的是，我们所列举的某些银行会期待外部影响的帮助，比如强大的国内市场和完善的法律法规。

　　相较于其他银行，ICICI 具有相对优势——迅速增长的国内市场，世界上最蓬勃发展的新兴市场之一。ABN AMRO Real 也是一样，它托了桑坦德的福。像中国、印度和巴西这样的新兴经济体能够凭借国内市场的增长来缓冲在国际市场上遭受的损失——这种现象被称为"脱钩"。这种现象证明了史蒂芬·施密德亨尼（Stephan Schmidheiny，世界企业可持续发展委员会创建者）的观察，"在堕落的社会中企业是不可能成功的"。② ICICI 和 ABN AMRO Real 有成功的社会做后盾，挽救它们于危机之间。长期立于不败之地的银行很了解一点，它们的业务天然地与客户的成就、周围社会的成就联系

---

　　①　http：//www. gabv. org/（2010.08）.

　　②　VIVA and INCAE. Walking the Talk – Symposium on Entrepreneurship, Philanthripy and Development. San Jose. n. p. 2003.

在一起。

　　另一个间接因素是政府的监管，这对 ICICI 以及加拿大的银行发挥了主要的影响作用。那些容易发生危机的市场之所以如此是因为政府没有起到保护作用，比如美国废止了《格拉斯—斯蒂格尔法案》。在此处申明我们不赞成废止法律。善法和懿行相得益彰。因此我们赞同的是以学识和管理学教育的文化形式来补充完善法律。同时，当然也要完善像银行法律法规和金融行业激励体系这样的社会结构形式，单独调整其中的某几个部分显然是不够的。如果绝大部分的银行仍然受制于投机主义文化、创造短期收益的市场体系和股东价值最大化的目标，那就没有任何法律和社会结构能够预防未来危机的发生了。离开文化转变、离开新的理念，所有的结构调整都是粉饰而已。

　　故而我们认为一种讲德行的新文化将会解放金融从业人员，令其承担起自己专业中天然存在的责任。与其将银行从业者置于法律的束缚之中，不如教育他们以负责任的态度利用工作上管理的自由空间。因此回应外界批评的动力主要来自于金融业自身而非来自于法律的驱策。这也就意味着面对像"我们凭什么信任你？"这样的社会质疑，银行再也不会只是简单回答一句"因为我们符合监管要求"。信任的基础要内化——来源于银行自身的德行。如果一家银行能够理解道德品质的意义，也就遵从了法律的内在精神。另外，它还会积极主张完善的监管，从而有助于创造公平的市场环境。假如没有公平的市场环境，有德行的银行一直都会被视为异类并在经济增长时期被认定为消极经营，因为相比于更具有投机主义倾向的金融服务机构，这些银行达不到它们的盈利水平。有德行的银行和银行家需要提高整个金融业的监管标准，这样才能更好地致力于迅速转变全球社会的需要，为全世界的人们谋取福利。

　　而银行家和金融专业人士再也不能将责任推卸给市场中的其他参与者。他们如果想要说服当下与日俱增的批评者，就要为自己行为产生的系统性影响负起责任。他们不能再像从前那样重操旧业而必须要提出经营银行业和金融业的全新方式。

我们凭什么相信银行？

本书中的银行在这次金融危机中的成就给出了令人信服的答案：你可以信任我们，因为我们代表着——永远代表着有德行的银行业。没有这样的银行，社会的境况会更糟糕。这样的银行显然遵循的不是股东回报最大化的经济逻辑。这类银行对银行业务抱有人道主义期冀——提高自己社区的生活质量——不论环境景气还是萧条。因此它们维护着自己的价值，连同管理体系内的利益相关人一起，站在公众的角度主张监管、践行审慎的风险管理并且不仅仅以金钱的形式激励自己的员工。

它们作出的榜样蕴含着文化学习创造。① 2008 年，奥巴马总统的首席参谋拉姆·伊曼纽尔（Rahm Emanuel）曾说过："不要浪费这次危机。"② 假如我们没有利用这次危机来反映金融体系的文化状况，就会像从前那样浪费掉危机给我们的机会。最后，21 世纪金融动荡的次数证明了有德行的银行的优越性。书中的银行并非铁证，而是某种先兆。正如医生面对一种新的疾病，我们还不能完全确定何种治疗方案能够将其治愈。③

除了防范，成功的文化转变以及不同于以往的、更加人道主义的经营方式已经初现端倪。本书收录了一些在 2007～2010 年金融危机中表现出色的金融机构。书中的银行和金融机构包含着值得学习

---

① 2002 年英国金融服务局就发起了道德项目。然而随着领导者的变更，该机构又重新开始进行合规监管。这些活动的简单情况来自于 Fr Christopher Jamison, the Abbot of Worth. London, St. Alban The Martyr. 2008 - 11 - 11 ［2009 - 02 - 21］http：//www. operationnoah. org/resources/religiousinspirations/changing - climate - spiritual - steps - sustainbliluty.

② Gwynn Dyer. Commentary - Never Waste a Crisis. Athens News, 2008 - 11 - 24.

③ 在 Peter 和 Waterman 的书《寻找优秀》（In the Search for Excellence, New York：Harper & Row, 1982）中我们可以看到类似的情况。作者梳理了一些杰出企业的管理实践以探寻其优秀的原因所在。而其中一些企业在业绩方面并未保有很高的期望，这使人怀疑作者所推荐的企业是否恰当。

的道德品质。每一个案例都展示了对原则的信仰，即使其他银行暂
时获得了更多的利益。由于内在的信誉和德行，它们得以在其他金
融机构挣扎求生之时吸引新的客户、扩展市场份额。书中的案例展
示了专业的金融和服务，也显示了有德行的银行是如何带来大量社
会福利的。另外，它们还证明了这样一种观念：有德行的银行同样
可以带来财务回报。

参考文献

［1］Arena, C. The High – purpose Company. New York：Harper Collins, 2006.

［2］Galbraith, J. K. Money：Whence It Came, Where It Went. New York：houghton Mifflin Co, 1975.

［3］Ribstein, L. E. Market vs. Regulatory Responses to Corporate Fraud：A Critique of the Sarbanes – Oxley Act of 2002. Journal of Corporate Law , 2002, 28 （1）：1 – 67.

［4］Spitzeck, H. and E. G. Hansen. Stakeholder Governance：How Stakeholders Influence Corporate Decision Making". Corporate Governance , 2010, 10 （4）：378 – 391.

［5］Turnbull, S. and M. Pirson. The Future of Corporate Governance：Network Governance – A Lesson from the Financial Crisis. Fordham University Schools of Business.

［6］Research Paper No. 2010 – 010. 2010. http：//ssrn. com/abstract = 1570924 .

索　引